Abrirse
a la gracia

Swamini Krishnamrita Prana

Mata Amritanandamayi Center, San Ramon
California, Estados Unidos

Abrirse a la gracia
por Swamini Krishnamrita Prana

Publicado por:
    Mata Amritanandamayi Center
    P.O. Box 613
    San Ramon, CA 94583
    Estados Unidos

Primera edición : abril 2019

Dirección en España:
    fundacion@amma-spain.org
    www.amma-spain.org

En la India:
    inform@amritapuri.org
    www.amritapuri.org

Contenidos

Oh Diosa, que eres mi vida entera,
mis lágrimas de amor a Ti fluyen sin parar.
Brillan al caer
de los acordes rítmicos de la vida.
Eternamente enamorada de ti,
tejeré una guirnalda de estrellas...

Mis ojos rebosan lágrimas.
Tengo la voz temblorosa.
El loto de mi corazón está floreciendo sin yo saberlo.
Derretida por la humildad,
mi corazón saborea, extático, el
néctar de la ambrosía.
Nos colmas con tu compasión.

Aunque soy una niña insignificante
que no ha sido agraciada con la
más noble de las fortunas,
siento una fiesta eterna en el corazón.
Beldad divina, mi corazón se ha sumergido
en la plenitud de tu belleza.
¡Oh, encarnación de la Verdad, el Conocimiento
y la Bienaventuranza!

¡Oh, Diosa de la sabiduría divina
a quien el intelecto no puede comprender!
Tú resides en el Chintámani
(la joya divina que cumple todos los deseos).
Santificada por tu toque,
mi vida ha sido bendecida...
Llena de dicha.

Praneshwari — bhajan en malayálam

Introducción

Los vientos de la gracia de Dios siempre
están soplando. Somos nosotros los
que tenemos que izar las velas.

— *Shri Ramakrishna Paramahamsa*

La gracia divina o la gracia del guru es el regalo más puro y magnífico que se puede conseguir en esta vida.

La gracia nos lleva a la meta espiritual de la vida: la liberación de todo el sufrimiento y la verdadera paz. Nunca podremos alcanzar esa meta solo con nuestros esfuerzos. Por mucho que lo intentemos, en la vida espiritual solo la gracia de un verdadero maestro nos puede llevar a casa.

La gracia divina está en todas partes. Para recibirla solo tenemos que estar suficientemente abiertos. Hagamos la clase de prácticas espirituales que hagamos, aunque estemos muy lejos, al otro lado del mundo, si nuestra mente y nuestros pensamientos están con Amma podremos obtener su gracia.

Hay personas que reciben mucha atención de Amma. Eso siempre es maravilloso, pero no es lo que necesariamente les dará una paz mental duradera. Lo más importante es que nos ganemos el poder transformador de la gracia del guru.

Entonces, la cuestión fundamental es: ¿cómo nos podemos abrir para recibir la gracia divina? La gracia de Dios empieza a fluir cuando abrimos el corazón y hacemos buenas acciones *todos los días*.

En teoría es muy fácil:

Actitud correcta + acción correcta = gracia.

Amma dice que el servicio desinteresado es el camino más eficaz para alcanzar la gracia. Al realizar servicio desinteresado y otras prácticas espirituales se purifica la mente, lo que calma nuestros pensamientos y nos ayuda a concentrarnos. Una mente relajada permite que la gracia fluya hacia nosotros y esta gracia sin duda nos llevará hasta la meta.

Por supuesto, puedes vivir como quieras; pero haz cosas buenas siempre que puedas. Recuerda que no podemos hacer nada respecto al *karma* (el resultado de las acciones anteriores) que está por venir. Tenemos que cosechar los resultados de todas las acciones que hemos realizado en el pasado. Sin duda, la gracia nos puede aligerar esta carga, pero lo mejor es no poner nuestra energía en eso.

Es mejor enfocar la atención en cualquier acción y pensamiento positivo que puedas realizar ahora. Así, cuando llegue el despertar espiritual, tendrás la posibilidad de entender quién eres realmente. La gracia de la guru se manifestará y empezará a disolver el ego.

Alguien que llevaba mucho tiempo viviendo en el áshram (comunidad espiritual) [1], me contó la historia de cómo había conocido a Amma unos quince años antes. En aquella época vivía en Nueva York, después de haberse graduado en una de las escuelas de arte más importantes del país. Lo tenía todo: su propio apartamento, un

---

[1]   Hay que leer las palabras indias como si fueran españolas, con las siguientes excepciones: Las letras *sh* y *j* suenan como en inglés (por ejemplo, en *shock* y *John*). la letra *h* siempre aspirada, como en inglés (*house*), nunca muda como en español. La letra *r* siempre suave, como en *cara*, no como en *rosa*, aunque vaya a principio de palabra. La doble ele no es una elle sino dos eles pronunciadas una detrás de la otra. (N. de los trads.)

trabajo digno, bastante dinero, buena comida, diversión, ropa elegante y buenos amigos. A pesar de todo, sentía que le faltaba algo más profundo. Se sentía insatisfecha por dentro.

«¿Qué sentido tiene la vida?», se preguntaba a menudo, hasta que un día se derrumbó ante Dios y sollozando angustiada le gritó histéricamente:

—¡La vida tiene que ser algo más que esto! Esta mujer visitó a un vidente buscando algunas respuestas.

—Veo que vas a ir a un lugar con colinas ondulantes —le dijo el vidente—. Allí vas a reunirte con tu Madre. Ella ha estado esperando tu llegada. Te quiere mucho y tiene muchas ganas de abrazarte y llevarte a casa…

La mujer no le dio importancia. Le parecieron tonterías. Estaba planeando trasladarse a California y su madre vivía en Milwaukee, en el nordeste de Estados Unidos. Además, su madre era una persona fría y raramente cariñosa. No era posible que su madre la estuviera esperando o que la recibiera con los brazos abiertos.

Durante su primera semana en California, viajó al áshram de San Ramón. Para los que nunca hayáis estado allí, este áshram se encuentra realmente entre colinas ondulantes... y allí conoció a la Madre.

En cuanto vio a Amma, empezaron a caerle lágrimas de los ojos, porque sabía en lo más profundo de su corazón que por fin había llegado a casa. Desde entonces ha vivido con Amma. Ha dedicado los últimos quince años de su vida al servicio desinteresado. Aunque tiene muy pocas cosas, siente más paz y satisfacción que nunca antes.

Y es que al estar presente cerca de Amma, el individuo mediocre y limitado que éramos empieza a cambiar. Igual que una mariposa que sale del capullo, empezamos a crecer lentamente hasta convertirnos en auténticos seres humanos dispuestos a practicar los valores más elevados que tenemos dentro. No podemos deshacernos del obstinado ego por nuestros propios medios; es casi imposible. Por eso es tan importante tener un maestro vivo. Solo un maestro que esté vivo puede aflojar el fuerte nudo con el que el ego nos tiene atados.

Con la gracia de un verdadero guru todo ocurre espontáneamente cuando llega el momento. La finalidad de todas las prácticas espirituales es prepararnos para alcanzar el estado de pureza mental y paz total en el que nuestra verdadera naturaleza pueda resplandecer.

Con nuestros propios esfuerzos podemos conseguir muy poco. ¡La gracia divina lo es todo! Así que, ¿por qué no hacer cosas buenas mientras podamos? El ejemplo de la vida de Amma ha sido siempre el de consumirse haciendo algo bueno por el mundo. Ella es un ejemplo de primer orden, un ejemplo que solo podemos ir comprendiendo lentamente.

El poder del amor de Amma es grandioso. Es como uno de esos autobuses grandes de la gira del Norte de la India en los que todos podemos apretujarnos. Es un enorme transatlántico que nos puede llevar a todos a la otra orilla del océano del sufrimiento. No rechaza ni deja detrás a nadie. Nos puede cuidar a todos. Su gracia, sin duda, le da plenitud a la vida.

Todo es muy sencillo, pero nosotros lo complicamos muchísimo.

La gracia de la guru lleva a las personas a la liberación.

Capítulo uno

Valores para la vida

Tus valores se convierten en tu destino.

– Mahatma Gandhi

La madre de Amma adoraba lo Divino en todos y en todo. Sus oraciones se iniciaban nada más abrir los ojos por la mañana. Al despertarse, se agachaba, tocaba el suelo con las puntas de los dedos tres veces e inclinaba humildemente la cabeza con las manos juntas apuntando hacia el cielo. Solo entonces ponía los pies en el suelo con veneración.

La madre de Amma hacía eso todas las mañanas, como muchos otros de su pueblo. En los viejos tiempos, la gente de las aldeas vivía así de una manera muy natural, llenaba los días de muchas maneras sutiles con ofrendas de veneración a un Poder Superior. Su vida estaba llena de compasión, aceptación y abnegación.

Ahora los tiempos han cambiado. ¿Cuántas personas dedican actualmente parte de su tiempo a pensar en Dios, o incluso a pensar en los demás? La mayoría están atrapadas dentro de sí mismas pensando solamente en «yo, mi familia y lo mío».

La filosofía hinduista tiene una buena explicación de todo el egocentrismo que vemos a nuestro alrededor. Nos enseña que el tiempo es cíclico, no lineal, y se divide en cuatro ciclos conocidos como yugas:

Satya Yuga: la Edad de Oro, en la que prevalece la verdad. *Treta Yuga:* la Edad de Plata, en la que las virtudes empiezan a decaer. *Duápara Yuga:* la Edad de Cobre, en la que la virtud de la sociedad degenera aún más. *Kali Yuga:* la Edad de Hierro, la era de la maldad.

El oro es el metal más puro y refinado, seguido por la plata, el bronce y, por último, el hierro, con el que se forjan las armas de guerra. La calidad decreciente de los metales simboliza el deterioro de las buenas cualidades de los seres humanos y de la propia vida a medida que se van desarrollando los distintos períodos de tiempo. En este proceso se reduce incluso la duración de la vida, la altura y la fuerza física y mental de la gente.

Algunas escuelas de pensamiento creen que cada yuga tiene una duración diferente:

Satya Yuga: 1.728.000 años

Treta Yuga: 1.296.000 años

Duápara Yuga: 864.000 años

Kali Yuga: 432.000 años

Creen que entramos en el Kali Yuga hace tan solo unos cinco mil años. Acabamos de empezar a deslizarnos en la «edad de la oscuridad», que comenzó cuando murió el Señor Krishna alrededor del 3100 a. C.

Otras escuelas de filosofía creen que todo el ciclo de los yugas solo dura doce mil años. Según estas escuelas, cada yuga dura tres mil años y en doce mil años se pasa por los cuatro yugas. Al finalizar el Kali Yuga el ciclo vuelve a pasar por todos los yugas y ese círculo continúa indefinidamente. Los que aceptan esta teoría dicen que ahora estamos llegando al final de Kali Yuga, que acabará en 2025.

Afirman que, debido a los errores cometidos en las traducciones de los textos sagrados, se han calculado muy mal los años que dura cada yuga.

Aunque es evidente que no hay acuerdo sobre la duración de los yugas, todos coinciden en que los ciclos llevan a la humanidad lentamente por estados materiales y mentales en constante evolución e involución.

Muchos de nosotros vemos claramente que el mundo y las personas han cambiado a peor en los últimos años. La bondad del mundo se está ocultando.

Sin embargo, hay una gracia redentora que siempre aparece en los momentos más difíciles y de más profunda oscuridad: nos vemos obligados a clamar a Dios. Esta es una gran bendición que nos puede llegar cuando los tiempos exteriores son duros. Con la gracia de Dios, si miramos hacia dentro podemos escapar de la «edad oscura» y encontrar la «edad de oro» dentro de nosotros.

Se ha dicho que durante el Kali Yuga solo el 10% de las personas son buenas y que, además, las malvadas querrán arrastrar a las buenas con ellas a un oscuro pozo. No queremos quedarnos con ese 90%. Intentemos aferrarnos a la bondad que hay dentro de nosotros.

Pero, ¡qué difícil se está poniendo evitar todas las tentaciones que nos rodean por todos los lados! Es muy difícil no dejarse arrastrar hacia las tinieblas cuando es eso lo que parecen estar haciendo todos los demás.

Incluso aquí, en Ámritapuri, vi a un adolescente que llevaba una camiseta en la que ponía: «Cuando soy bueno, soy muy bueno… pero cuando soy malo, SOY GENIAL». Actualmente, ser malo se ha convertido en algo que está de moda.

Uno de los profesores de la Universidad Ámrita comentaba que el año pasado el sistema informático de la universidad contrajo un virus que borró eficazmente miles de documentos de toda la universidad. Se infiltró en el campus por medio de una memoria USB de alguien y se transfirió por el sistema de impresión. Cuando alguien ponía un documento en su USB para imprimirlo, la impresora lo infectaba. Después, cuando este volvía al ordenador de su dueño, también afectaba a este. El virus se transmitió rápidamente por todo el campus.

Los piratas informáticos de todo del mundo crean virus que invaden universidades, gobiernos y bancos con la intención de hundirlos, solo por diversión. Actualmente la gente crea destrucción solamente por pasárselo bien.

Cuando vemos las noticias, comprobamos cuánta violencia hay por todas partes. En todo el mundo la gente se mata mutuamente hasta por las mayores nimiedades. La violencia está aumentando por la decadencia de los valores en todos los sectores de la sociedad.

Si nos hacemos más fuertes reforzando nuestras buenas cualidades, podremos resistir las tentaciones que nos están influyendo todo el tiempo, de forma obvia o imperceptible para no comportarnos negativamente. La esperanza de Amma es que los ideales altruistas florezcan en nuestro interior. Cuando esto suceda, podremos actuar ofreciendo algo bueno a nuestro atribulado mundo.

Los periodistas le han preguntado a Amma en varias ocasiones:

—Si hubiera una cosa que pudieras cambiar en el mundo actual, ¿qué sería?

Su respuesta siempre es la misma:

—Los valores. Debemos intentar restablecer los valores de la vida. Los valores son el sustrato de nuestra sociedad. Sin valores, todo se afloja y solo impera la discordia.

Cuando Amma se encuentra con gente, uno de los temas que toca una y otra vez es el de la importancia de los valores humanos. Nos recuerda: «La India es conocida por su riqueza de valores espirituales. Estos no deben desaparecer de la faz de la tierra».

A muchas personas no se les inculcan valores positivos de pequeños y cuando somos jóvenes no podemos comprender la importancia de esos valores. Hay muchos casos de jóvenes que tienen hijos antes de madurar. Si no les enseñamos a nuestros hijos a vivir de acuerdo con los valores positivos, cuando tengan su propia familia no sabrán vivir con rectitud y no estarán capacitados para trasmitir esta conciencia al futuro.

Si a los niños, cuando están creciendo, sus padres no les enseñan a amar desinteresadamente, ser humildes y perdonar, les resultará casi imposible vivir felizmente en este mundo en constante cambio.

Hace poco, mientras paseaba, me encontré con un niño que se me acercó y me exigió que le diera un iPod. Habría sido gracioso si no hubiera sido tan sorprendente. Estoy acostumbrada a que los niños me pidan un bolígrafo o hasta dinero; pero un iPod, no. Por supuesto, no tenía ningún iPod para darle a ese niño. ¿Adónde va este mundo?

Hace solo seis meses que tuve mi primer móvil.

Los deseos son la causa de la infelicidad. Si los seguimos ciegamente, se hacen más fuertes y nos provocan una insatisfacción más y más profunda. Los valores espirituales, por el contrario, nos dirigen hacia la realización final y la paz interior. Desgraciadamente, el mundo gravita rápidamente hacia el deseo y solo a regañadientes hacia la bondad.

Amma nos recuerda que vivir según un sistema de valores nos ayuda a mantener la armonía y el equilibrio con nuestro entorno. Al lanzar un cohete, cuando sale del campo de gravedad, se descontrola si no tiene un objetivo. No sabe dónde ir. Igualmente, si no tenemos un sistema de valores en que basarnos, la mente salta caóticamente de un deseo a otro sin llegar a asentarse pacíficamente.

Amma pone el siguiente ejemplo: «Supongamos que construimos una fortaleza solo con ladrillos y otros materiales. Un día se derrumbará, porque no hemos puesto la fuerza integradora que los mantiene unidos: el cemento. Del mismo modo, los valores son la fuerza integradora que mantiene a las personas y las mentes unidas. Los valores son el cemento de la sociedad».

Sin este «cemento», la sociedad tiene brechas cada vez más grandes. No enseñamos a nuestros hijos a distinguir lo que está bien y lo que está mal. En lugar de eso, les estamos enseñando que está bien ir tras los deseos, aunque sean egoístas, sin preocuparse por los demás ni pensar en las consecuencias de sus acciones. Desgraciadamente, las buenas cualidades están desapareciendo rápidamente en el mundo actual.

Hace poco una joven me contó que cuando fue a visitar a su sobrino en Estados Unidos encontró cajones y armarios llenos de juguetes que ya no usaba. Se preguntó cómo le estaría afectando eso a la mente en desarrollo del niño. Cada vez que quería algo nuevo se lo daban, pero rápidamente se cansaba y dejaba de utilizarlo.

Sin duda, para sus padres era más fácil cumplir sus deseos que inculcarle disciplina, pero a ella le entristecía ver cómo se estaba condicionando su mente desde una edad tan temprana. Se preguntaba si, al criarlo así, el niño podría algún día adquirir aceptación, concentración y disciplina.

Amma dice: «En el mundo de hoy vemos que las personas tienen casas con toda clase de comodidades físicas. Poseen bellos edificios con aire acondicionado y coches de lujo, pero también comprobamos que algunas personas ricas se suicidan en sus habitaciones acondicionadas. Lo que nos da paz y felicidad es mucho más que eso».

Los valores aportan equilibrio y armonía a la vida. Amma nos dice que aferrarse a los valores positivos proporciona equilibrio al ritmo de la vida. Pone el ejemplo de los semáforos: «De la misma manera que los semáforos mantienen la seguridad y el control en la carretera, necesitamos un sistema de valores para salvarnos de un gran caos».

Solo seremos verdaderamente felices cuando aprendamos a tender la mano y ayudar a los demás de alguna manera. Puede ser algo tan sencillo como sonreír a alguien. Este pequeño esfuerzo es la forma de abrirnos para recibir la gracia.

Un día que nos dirigíamos en un vuelo internacional a Mauricio, a un *brahmachari* (buscador espiritual célibe) le tocó sentarse junto a una madre y su bebé. Era *ekádashi*, que es un día tradicional de ayuno para muchos indios, y ese hombre había decidido ayunar ese día en particular.

El bebé estuvo en su cuna un rato, pero pronto se echó a llorar. La mujer lo agarró y lo calmó, pero cada vez que intentaba volver a acostarlo en la cuna, el bebé se ponía a llorar. Así que no le quedaba más remedio que seguir con él en brazos.

Al cabo de un rato, las azafatas empezaron a servir la comida a todos, pero la madre con el bebé en brazos no tenía espacio para abrir la mesita. Si el brahmachari no le hubiera ofrecido su mesita para poner la comida, la mujer no habría podido comer.

Al principio él la miraba luchar para abrir la comida. Casi no podía abrir o comer nada, porque solo tenía una mano libre. Él le ofreció abrirle la botella del zumo. Después tomó el cuchillo y le preguntó con resignación:

—¿Mantequilla?

Ella sonrió mientras él le untaba la mantequilla en el pan. Después entró realmente en la dinámica del servicio desinteresado y le partió la comida en trocitos fáciles de comer. Siguió así un rato y ella pudo tomar su comida.

Otra persona de nuestro grupo vino a comentarme lo dulce que era la escena, así que fui a echar un vistazo. Después de espiarlos un rato, volví a mi asiento y le dije a Amma que uno de sus brahmacharis célibes ahora tenía una gran familia.

Amma se levantó y miró detrás de la cortina para ver lo bien que estaba cuidando a esa joven madre. El brahmachari estaba encantado de que Amma hubiera ido a mirarlo. Fue gracia instantánea.

A menudo, la reacción de los brahmacharis es: «¡No, mujeres no! ¡No queremos tener nada que ver con mujeres!». Pero hay momentos en los que hay que ser capaces de cruzar la barrera de lo que nos gusta y lo que no nos gusta para poder ayudar a alguien porque es lo que hay que hacer. (Y, nunca se sabe, Amma puede estar mirando.)

La paz solo llega con la comprensión espiritual, respetando los valores positivos y, lo más importante, amando y sirviendo a los demás. Si vivimos según los valores positivos, la gracia de Dios fluirá hacia nosotros como un río inagotable.

Capítulo dos

Una luz en la oscuridad

¡Qué maravilla que nadie tenga que esperar ni un instante para empezar a mejorar el mundo!

— Anne Frank

A menudo, Amma dice que cuando era joven había mucho amor entre las familias y una profunda cercanía entre la gente en general. Su rostro se ilumina de entusiasmo cada vez que se pone a hablar de los preciosos recuerdos de su infancia. Es maravilloso verla y oírla en esos momentos.

Cuando Amma era pequeña, el sistema de valores era extraordinariamente fuerte. Los principios éticos y morales se seguían fielmente en la aldea y en su familia, lo que creaba una base feliz para la infancia y para la vida.

Amma nos cuenta muchas historias sobre sus experiencias infantiles para recordarnos lo generosa que era la gente antes. Si en una casa no había comida, la familia podía ir tranquilamente a comer a casa de los vecinos. Aunque a los vecinos no les sobrara la comida, al menos les darían algo de arroz, chiles o sal. Con estos pocos ingredientes podían hacer un chutney sencillo.

Por poco que tuvieran, los aldeanos siempre lo compartían entre ellos. En nuestros tiempos, si un vecino llama a la puerta para pedir comida quizá llamemos a la policía. La mayor parte de las veces la gente ni conoce a sus vecinos.

Actualmente, protegemos nuestra casa y escondemos nuestras cosas cuando tenemos visitas. Alguien me dijo una vez que en su país, si alguien llamaba a la puerta mientras estaban comiendo, la mayoría de la gente no abriría. Fingirían que no estaban en casa solo para no tener que compartir la comida.

La hospitalidad, el compromiso, la bondad y el compartir son valores que han empezado a desaparecer. Las cosas han cambiado en el mundo actual, pero Amma está intentando inspirarnos para que reincorporemos estos valores universales a nuestras vidas. Por eso, Ella nos recuerda una y otra vez lo importantes que son.

Hay que intentar vivir defendiendo la verdad y la rectitud. Quienes viven con abnegación, fe y caridad disfrutan de mayor paz y satisfacción que quienes no lo hacen.

La madre de Amma siempre es el mejor ejemplo de los ideales del trabajo duro, la actitud adecuada, el cuidado y el servicio a los demás, así como la dedicación y la conciencia en todas las acciones. Inculcaba el sentido del deber y la integridad por medio de todos los valores que transmitía a sus hijos. Todas estas buenas cualidades persuasivas y poderosas caracterizaban a la madre de Amma.

Damayanti Amma enseñó a sus hijos que debían ver al invitado como Dios y servir a los demás como si estuvieran sirviendo al Divino. Sentía un gran amor y preocupación por todos, aunque fueran completos desconocidos. Esta actitud tradicional era típica de los aldeanos en los viejos tiempos.

Damayanti Amma siempre dejaba un poco de comida aparte por si llegaban visitas inesperadas. En el jardín cultivaba tubérculos que se podían cocinar y servir rápidamente con un poco de chutney o chiles.

Le encantaba cultivar *chembu* y *chenna* (tubérculos parecidos al boniato), porque se podían recoger y cocer en poco más de diez minutos y servir como una comida completa y satisfactoria para cualquier visita que llegara inesperadamente.

Los niños tenían que esperar para comer hasta que estaban seguros de que nadie iba a venir. Algunas veces solo tomaban agua de arroz con un poco de coco porque su madre estaba guardando el arroz por si llegaban visitas.

La madre de Amma no sabía que tuviera una encarnación divina justo en su casa, una encarnación a la que hacía pasar hambre a veces para dar de comer a los invitados; pero eso estaba bien. Amma lo llevaba bien. Era feliz cuando la comida era para las visitas. Amma aprendió de su madre, desde el principio, a servir primero a los demás.

Un día, caminando por el pueblo que hay al lado de *Ámritapuri* (el áshram de Amma en la India), la *brahmachárini* (mujer aspirante espiritual) con la que iba dijo que el padre de la casa por la que estábamos pasando siempre era muy amable con ella. A menudo, ella le ofrecía ayudarle a llevar sus cosas si le veía cuando estaba fuera.

Un día, él le confió que Amma hacía exactamente lo mismo por él cuando Ella era joven. Amma iba de casa en casa recogiendo restos de comida para las vacas de su familia. Cuando las visitaba, siempre ayudaba a las familias. Si veía algo que hubiera que hacer, lo hacía sin preguntar.

El aldeano dijo que Amma nunca hablaba mucho (probablemente porque estaría recitando su mantra en silencio). Vivía en su mundo privado, un mundo que nadie más podía entender. Sin embargo, siempre sonreía dulcemente.

La abuela de Amma tenía siempre una olla de barro con suero de leche en la puerta de la casa por si alguien que pasaba tenía sed. Todos podían beberlo. Ese suero de leche no era solo para la familia o los vecinos, sino para cualquiera que pasara con sed.

Cada pocos días, la familia rellenaba la olla con más suero de leche. Su madre siguió esa tradición, que había ido pasando de generación en generación en la familia de Amma. La educación de Amma fue así. Su madre siempre le inspiraba a dar, por poco que tuvieran. Nunca tuvieron mucho, pero siempre eran felices compartiéndolo.

Amma quiere que nos esforcemos por descubrir y cultivar valores semejantes a esos, sabiendo que en los difíciles tiempos que corren aferrarnos a los principios éticos es lo único que nos puede ayudar a navegar a través de todos los problemas de la vida y ser felices.

Me encanta la historia que Amma cuenta de que en los viejos tiempos la gente tenía carteles de «Bienvenidos» en la puerta. Y, ¿qué tenemos ahora? Lo más frecuente es algo como: «Cuidado con el perro. Muerde». Ya no encontrarás esas ollas de barro. Probablemente alguien las robaría.

Un día, Amma nos dijo: «En los viejos tiempos se tenía miedo a no llevar una vida *dhármica* (recta). La idea del castigo por actuar mal nos alejaba de las decisiones equivocadas. Era un temor útil, ya que ayudaba a controlar la mente y a que no se cometieran errores». Actualmente, no existe esa clase de temor útil. En su lugar hay un miedo de otra clase, un miedo nocivo, procedente de la falta de fe y de entrega.

Aunque parezca que una libertad sin restricciones debería garantizarnos la felicidad, en realidad las investigaciones científicas demuestran que ocurre exactamente lo contrario. Las investigaciones han descubierto que quienes no tienen ningún control sobre sus opciones en la vida respecto al sexo o al uso de drogas terminan siendo más infelices que quienes tienen estilos de vida más controlados.

Muchas personas piensan que la culpa es una emoción completamente negativa y perjudicial para nosotros, pero yo creo que un poco de culpa puede ser muy útil para mantenernos en el camino correcto. La gente exige libertad, pero, en su nombre, hace todo lo que le apetece, dañando a menudo a otros en el proceso.

Un poco de culpa y de miedo impide que las personas actúen mal. Tener un poco de miedo a un poder que está más allá de nuestro yo nos ayuda a ser buenos unos con otros y con la Tierra.

Amma quiere mostrar al mundo lo importantes que son los valores positivos y cómo podemos incorporarlos en nuestra vida y utilizarlos para servir. Todos tenemos la responsabilidad de sostener estos valores, que son tan valiosos y tan poco comunes.

Oímos hablar a Amma de este tema tan importante todo el tiempo en sus *satsangs* (discursos espirituales); pero no solo habla sobre hacer el bien. Es un ejemplo vivo y genuino de todas las mejores cualidades en acción. La profundidad de su abnegación y su compasión es insondable. Podemos aprender mucho de Ella simplemente observando cómo vive.

Una vez que íbamos al aeropuerto para volar de la India a Europa, noté que los zapatos empezaban a molestarme un poco. Me puse unas medias de compresión pensando que harían que las ampollas no rozaran, pero me apretaban tanto que hacían que las ampollas rozaran más.

Mientras caminábamos por el aeropuerto, Amma dijo:

—Me duelen los pies y estos zapatos me están grandes.

—A mí también, Amma— respondí. Me estaba pasando lo mismo.

Más tarde, dijo:

—Me duele la rodilla.

Justo en ese momento, aunque las rodillas no me habían dolido durante años, el tirar del pesado equipaje hizo que me empezara a doler la rodilla.

—A mí también, Amma— le dije—. También la mía. Me acaba de empezar a doler hoy.

Cada dolor que Ella sentía, yo también lo sufría un poco. Cada vez que mencionaba alguna incomodidad, yo le contestaba: «Sí, a mí también me pasa Amma».

Más tarde ese mismo día, cuando llegamos a España, Amma tenía un terrible dolor de cabeza. En lugar de descansar, dijo:

—Quiero servir la comida a todos los que están aquí.

Cuando me fui a dormir esa noche, lloré hasta que me dormí mientras pensaba: «Qué ridículo ha sido decirle a Amma, 'estoy sufriendo igual que Tú'».

Me sentía muy avergonzada. Las pequeñas ampollas de mis pies o la punzada de la rodilla no es nada comparado con la magnitud del dolor que padece Amma. Nosotros nunca podremos entender la profundidad del dolor de Amma, un dolor que soporta por el bien del mundo para ayudarnos a consumir nuestro karma.

Estoy absolutamente asombrada con Amma. A veces no puedo entender cómo he llegado a recibir la gracia de estar tan cerca de Ella o de oír sus sabias palabras. Es sencillamente emocionante ver la manera en la que Amma actúa con las personas. Nadie la podría tomar jamás por una persona normal después de haber experimentado su amor incondicional y su profunda sabiduría.

Amma está dando su vida para enseñarnos un mensaje central. Lo repite una y otra vez: no dejéis que los valores espirituales desaparezcan de la faz de la Tierra. Los valores espirituales son unas joyas modestas pero valiosísimas que llevamos con nosotros allí donde vamos. Si perdemos estas joyas que hemos heredado, serán reemplazadas por tristeza. Vivir de una buena manera invita a la gracia a fluir hacia nuestra vida. Nos lleva a la felicidad que siempre estamos buscando.

Los valores éticos nunca envejecen. De hecho, el cumplimiento del *dharma* (la conducta correcta) es lo que atrae la gracia divina hacia nosotros de formas más sutiles y variadas de lo que podemos imaginar. Amma espera que decidamos cambiar ahora, antes de que sea demasiado tarde.

Amma está intentando al máximo en todos los momentos de su vida darnos un ejemplo personal perfecto. Está dispuesta a padecer mucho dolor y sufrimiento solo por intentar enseñarnos valores positivos e indicarnos la dirección correcta. Esperemos que un día podamos vivir de la misma forma que Ella, pensando primero en los demás y trascendiendo completamente nuestras propias necesidades y deseos.

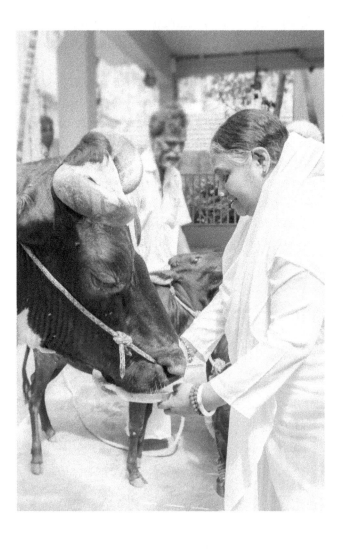

Capítulo tres

La nata más dulce

Papá, ¿está hecha Amma de chocolate?

— Violet, de tres años de edad

Compartir la compañía de una gran alma, espiritualmente elevada, como Amma es una oportunidad inestimable y poco frecuente. Es admirable observar la forma en que Amma se mueve por este mundo, llevando alegría allá donde va.

Hay muchas personas que sufren. Amma ofrece, a su propia manera luminosa, soluciones prácticas y una cura para el dolor de la existencia humana, no solo desde una distancia segura, sino fundiendo audazmente todos nuestros problemas en su abrazo suave y compasivo.

Se ha dicho que los grandes santos se mueven por el mundo con la conciencia en el cielo y los pies caminando firmemente sobre la tierra.

Amma se mueve entre nosotros, pero realmente parece que está flotando por este mundo, sin ligaduras, como flotaría la nata más dulce encima de la leche. Comprende la verdadera naturaleza del mundo y ama a todos.

Hace unos años, cuando íbamos hacia nuestra puerta de embarque del aeropuerto de Chicago, un devoto se abrió camino entre la gente para poder caminar cerca de Amma. Se le veía un poco triste, así que Amma le dio la mano. Al otro lado de Amma había otro devoto que también iba de la mano de Amma. Él le susurró: «Amma, no me sueltes nunca la mano».

A Amma no le daba vergüenza llevar de la mano a los dos devotos mientras se abría camino por la concurrida terminal. Siempre es la madre bondadosa y compasiva que cuida de sus hijos, aunque en este caso ambos tenían más de cuarenta años. El amor puro lo ve todo como uno.

Amma puede ver y sentir el sufrimiento del mundo. Pero no le da la espalda con tristeza, sino que se levanta para ofrecer su vida en actos de servicio con un corazón completamente abierto. Cuando vemos a Amma actuando con todo ese poder, nos sentimos inspirados para desarrollar también el nuestro.

Amma nos enseña mediante su ejemplo que lo mejor que podemos hacer es ayudar a los demás, aunque sea de las maneras más insignificantes.

Una devota me reconoció que había estado angustiada y deprimida y había sido una egoísta durante años, por lo que todo el mundo le decía que debía cambiar. A ella eso le ofendía, aunque estaba de acuerdo con ellos y tenía un gran deseo de cambiar; pero, por mucho que lo intentaba, no podía.

Entonces conoció a Amma y por fin pudo relajarse, porque había encontrado a alguien que la amaba tal como era, con todos sus defectos. Esa aceptación le ayudó a ir mejorando poco a poco. Decía que estaba destrozada y que el amor de Amma le había devuelto a la vida.

Amma nos proporciona a muchos de nosotros un puente de amor para atravesar el río del dolor. En el actual mundo afligido y turbulento, Ella es la respuesta a todos nuestros problemas.

Amma inspira a personas de todas partes a intentar vivir de acuerdo con ideales positivos.

Recibe a todas y cada una de las personas que acuden a Ella de la misma forma especial: en un momento está aconsejándole al pescador más pobre de la aldea vecina cómo conseguir la próxima comida para su familia; al siguiente dialoga con una de las mentes científicas más desarrolladas del mundo sobre las posibles soluciones para acabar con el hambre en el mundo.

Una mujer de Los Ángeles me contó una experiencia extraordinaria y conmovedora con Amma. Esta mujer va a verla cada vez que Amma visita Los Ángeles. Un año, había visto a Amma dos días seguidos y se sentía tan llena que decidió no ir al programa del último día. En ese momento pensó que podría dar la posibilidad a otras personas que no hubieran tenido todavía la oportunidad de estar con Amma.

Algunos amigos la llamaron durante ese día preguntándole si quería ir con ellos esa tarde a ver a Amma. Les dijo a todos que no iba a ir. Pero alrededor de las seis de la tarde, empezó a sentir una necesidad urgente de ver Amma. Era una sensación que no la dejaba en paz. Se vistió rápidamente para salir, ya que sabía que la cola del darshan sería muy larga.

Como no quería parar por el camino, buscó en la nevera algo que ofrecerle a Amma y encontró una bonita manzana.

Mientras estaba sentada en la cola del darshan le dijo a la manzana: «Tú vas a irte con Amma. Eres un regalo para mostrar a Amma el amor que Le tengo».

Al dar la vuelta a la manzana mientras rezaba, casi le dio un infarto cuando vio que tenía un punto negro en la parte de abajo.

Se puso a llorar, pensando: «No puedo darle a Amma una manzana con una mancha». Estaba desolada, pero no tenía nada más que darle. Así que cuando le tocó el abrazo, le dio la manzana.

Amma la cogió, le dio la vuelta y se comió la parte podrida. La mujer se quedó asombrada por la acción de Amma.

Durante días después del darshan estuvo eufórica. Pensaba que Amma le había querido decir: «Yo te quiero aunque a veces pienses que no eres merecedor. Te quiero incondicionalmente y quiero todo lo que hay en ti, hasta esas pequeñas manchas que pueden no parecer perfectas».

¿No es eso lo que a todos nos gustaría saber, que nos aman completamente?

Con esta historia no quiero decir que se Le pueden dar a Amma voluntariamente cosas podridas. Lo que quiero es transmitir la profundidad del amor que nos tiene Amma.

La vida en el mundo nos inculca la idea de que debemos ser de una determinada manera para que nos acepten y nos amen: perfectos, listos, guapos, ricos, delgados, sin defectos... es decir, sin manchas negras. Nadie lo quiere creer, pero el bombardeo de estos mensajes durante toda la vida produce un efecto duradero en nosotros.

La acción sencilla pero significativa de Amma, expresó mucho más que lo que las palabras podrían transmitir nunca. Esa mujer se sintió realmente querida por Amma. En ese momento, sabía perfectamente que Amma era la personificación del amor puro e incondicional.

Amma está deseando darnos a probar ese amor divino. No tenemos que esperar a ser puros para acercarnos a Ella. Su amor absorbe todas nuestras negatividades y nos purifica.

Amma se esfuerza mucho para ayudarnos a superar esas ideas falsas que hemos construido y que nos hacen sentir de distintas maneras que no somos dignos. Ella puede ponernos de nuevo en contacto con nuestra verdadera naturaleza, el amor. Amma se esfuerza por despertar las buenas cualidades que están dormidas dentro de nosotros.

A veces, las personas quieren tener piedras preciosas impecables, pero el problema está en que todas tienen pequeños defectos. La madre Naturaleza crea de esa forma. Solo el vidrio falso es perfecto. Debemos aceptarnos tal como somos e intentar aprovecharlo al máximo.

Amma nos llega como una bendición incomparable que combina la sabiduría de la espiritualidad con la compasión en acción mientras nos da consejos prácticos para ayudarnos a afrontar los problemas de la vida.

Ella encarna en todas sus acciones la verdad más elevada del *vedanta* (uno de los sistemas más importantes de la filosofía de la India). Ella ve la unidad de la vida como un hilo que pasa a través de todos y de todo e intenta ayudarnos con suavidad a cambiar la visión de nuestra vida, no a la fuerza sino ofreciéndonos bondadosamente un amor desinteresado que nos inspira a crecer de dentro afuera.

Hay un niño hispano que vive en el áshram y viene a las giras con nosotros. Está increíblemente dedicado a la *seva* (servicio desinteresado), más incluso que la mayoría de los adultos. Ahora trabaja a tiempo completo con el equipo del sistema de sonido. Es un trabajo duro, de jornada completa. Ayuda en el escenario, asiste en la mesa de sonido y ayuda al equipo a montar y desmontar.

Hace unos años, en una gira por Europa, cuando estábamos en España —antes de que se hubiera comprometido a una seva de tiempo completo—, decidió aprovechar sus capacidades de traducción. Pasó por todos los puestos preguntando si necesitaban un traductor. Llevaba un lapicito y un cuaderno y se hizo un horario.

Aunque los sevas de la mesa supieran español, el niño era demasiado mono como para decirle que no. Pronto había apuntado horas y horas de seva ininterrumpida, desde las diez de la mañana hasta medianoche, una hora en cada puesto. Cuando le preguntaban si pensaba comer, el niño respondía: «Ah, sí… creo que mis amigos me pueden traer comida».

Le tocaba trabajar en mi puesto alrededor de las once de la noche. Por supuesto, a la madura edad de cinco años y medio y después de un largo día de trabajo, no hace falta decir que pasó esa hora durmiendo en la cama. Además, también me he enterado de que faltó a un turno anterior porque su padre le obligó a comer.

Las chicas con las que trabajo le preguntaron alegremente:

—¿Dónde estuviste?

Estaba monísimo y compungido, mientras respondía:

—Lo siento mucho… me quedé dormido… ¡yo no quería! ¡Hoy estaré ahí!

Aunque no tengamos las destrezas más eficientes y profesionales que nos permitan hacer cosas realmente importantes, basta con cultivar la autenticidad, un corazón compasivo y el deseo de servir para acceder a una energía superior.

Una sonrisa o hasta el menor buen pensamiento pueden hacer que la energía subyacente creativa empiece a fluir por este mundo hacia nosotros, capacitándonos para conseguir grandes cosas.

Una vez que un hombre de negocios estaba de visita en un frío país europeo, un compañero se ofreció a recogerle todas las mañanas en el hotel para llevarle al trabajo. El tiempo era espantosamente frío. La nieve parecía girar sin fin por la ventisca. La primera mañana llegaron pronto a la empresa, mucho antes que los demás; sin embargo, el compañero aparcó en la parte de atrás del aparcamiento, muy lejos de la puerta de entrada al lugar de trabajo.

El compañero hacía lo mismo todos los días. El primer día el hombre de negocios no dijo nada. También fue capaz de morderse la lengua el segundo y el tercer día. Pero la cuarta mañana tuvo que preguntar:

—Si no hay otros coches en el aparcamiento, ¿por qué siempre aparcas tan lejos de la entrada?

Su compañero le contestó:

—Cómo llegamos pronto, tenemos tiempo para ir andando, pero los que llegan tarde seguro que quieren un sitio cerca de la puerta.

El hombre de negocios se quedó sumamente sorprendido ante la respuesta de su compañero. No sabía que fuera posible tener tanta consideración con los demás. Cuando el corazón y la mente están abiertos podemos aprender algo de todas las personas que nos encontramos y de todas las situaciones que vivimos.

Me acuerdo de una noche, al comienzo de una gira por Estados Unidos a finales de mayo, en la que vi a una madre que llevaba a su hija a la cama. Me saludó cuando pasaba cerca de mí y me gritó:

—¡Feliz Año Nuevo!

Al principio me pareció algo gracioso y muy simpático. Pero después me di cuenta de lo profundo que era. Debemos empezar a pensar así también.

Cada día es un maravilloso nuevo comienzo para nosotros, que nos brinda la oportunidad de hacer algo que merezca la pena o de trabajar con nosotros mismos para cambiar. Nunca es demasiado tarde.

Durante más de cuarenta años Amma ha abrazado a muchas personas cada día, acercándoselas a la mejilla para calmar su dolor. Habrá quien piense que Miss Universo es la persona más atractiva del mundo, que tiene la piel más bella, clara y perfecta… pero yo creo que la piel de Amma es mucho más bella por las manchas que le han salido y que muestran cuánto ha dado su amor.

La vida de Amma está llena de belleza porque Ella se consume por el bien del mundo. Ojalá algún día nosotros también podamos llegar a ser tan encantadores como Ella adquiriendo la capacidad de darle algo bueno al mundo con todos nuestros pensamientos y nuestras acciones.

Capítulo cuatro

Olas de compasión

Podría escribir
cien poemas sobre
sus ojos,
cien más sobre
su sonrisa, y
eso no llegaría
ni a rozar
la sombra de
su radiante belleza.

– Brett Harbach

La vida de Amma es una ofrenda divina, una ofrenda a la chispa de ese mismo espíritu radiante que hay en cada alma. Es realmente impresionante cuántas vidas han pasado de tener un sufrimiento inimaginable a la paz, sencillamente gracias al poder del amor puro.

Algunos ejemplos profundamente conmovedores los hallamos en los niños que viven en el orfanato de Amma. Estas historias ilustran claramente la profundidad de la compasión y la gracia de Amma.

Esta es una de esas historias:

Me casé con mi marido hace poco. Para ambos la vida había sido una larga y trágica historia hasta que nos vinimos a vivir con Amma. Dos historias empapadas en lágrimas.

Soy de un pueblo pequeño y bonito con un río, colinas y plantaciones de caucho. Nuestra casa no era más que una choza con un techo de ramas trenzadas. Éramos seis, contando a mi hermana pequeña y mis abuelos. Mi padre trabajaba como jornalero sangrando árboles para extraer caucho.

Siempre estábamos medio hambrientos. Mi padre, que era alcohólico, pegaba a mi madre. Pocas veces la vi sin lágrimas en los ojos.

Mi padre gastaba siempre en alcohol y en otras cosas innecesarias todo el dinero que ganaba. Mi madre tenía que esforzarse mucho solo para asegurarse de que nuestras necesidades diarias se satisficieran, pero eso hacía que recibiera una cantidad inimaginable de golpes.

Durante todos esos años, no creo que tuviéramos ni un momento de felicidad. A menudo me preguntaba para qué habíamos nacido.

La escuela no se me daba mal, así que de alguna manera llegué al noveno curso. Entonces fue cuando mi padre empezó a sufrir graves problemas mentales: creía que le perseguían los fantasmas. Se hizo esclavo de las drogas y a partir de ahí nuestra familia se dirigió directamente hacia la destrucción.

Todos los días mi padre afilaba un cuchillo de carnicero y lo tenía a punto para matar a mi madre. No dormíamos ni una noche sin miedo. Mi hermana y yo temblábamos de temor solo por ver la sombra de nuestro padre. Todos los días rezábamos: «Que no llegue nunca la noche». Después, por la noche, nos acurrucábamos cerca de nuestra madre.

Vivíamos literalmente a la sombra de la muerte.

Un día de diciembre, cuando estaba haciendo un examen, me dijeron que fuera a ver a la maestra en cuanto acabara. Cuando acudí a ella, me dijo:

—Hija, tienes que irte a casa. Tu madre ha sufrido un accidente. No te preocupes, no es grave. Estaba cortando leña y se dio en el pie con el hacha, así que vete rápidamente a casa.

Por alguna razón, no puse en duda sus palabras.

De lejos vi que se había reunido mucha gente delante de mi casa. Cuando me vieron acercarme, algunos de los vecinos se me acercaron, me abrazaron y me llevaron a casa de un pariente. Me di cuenta de que había pasado algo grave. Cuando pregunté por mi madre, me dijeron que estaba en el hospital y que mi padre estaba con ella.

Mientras tanto, veía que muchos vehículos llegaban y salían de mi casa. Cada vez que llegaba un vehículo buscaba a mi madre. Al final, llegó un coche de policía. Uno o dos policías entraron en la casa. Poco después los vi salir y llevaban un cuchillo con una toalla. Era el mismo cuchillo que mi padre afilaba cada día. En ese momento supe lo que había pasado. Detuvieron a mi padre y lo llevaron a la comisaría.

En algún momento de la noche, trajeron el cuerpo sin vida de mi madre cubierto con una sábana. Retiré la sábana y vi la cara de mi madre cubierta de puntos, completamente irreconocible. No sé qué pasó después de eso. Cuando recobré la conciencia había gente a mi alrededor abanicándome.

Recuerdo que me despertó el llanto de mi hermana. Entonces todas mis emociones me abandonaron y mi mente se quedó quieta como una roca. Estaba aletargada. ¿Tenía lágrimas en los ojos? No sé. Parte de mí se alegraba de que mi madre hubiera escapado del infierno que era nuestra vida de familia.

Después de eso, mi hermana y yo no volvimos nunca más a casa. Nos quedamos con nuestro tío. La vida de todos nuestros parientes era más o menos igual que la nuestra: bebida, palizas y hambre. Finalmente, se decidió llevarnos a un orfanato. Era más de lo que podía soportar. Me vine abajo y me eché a llorar. Nadie dijo nada.

Al día siguiente llegamos a Ámritapuri.

En algún lugar he leído que si Dios nos envía una gran pena hoy es para prepararnos para la felicidad de mañana. Mi vida me ha demostrado que eso es así. Entonces no sabía que iba a pasar de manos de un mendigo al regazo de la Emperatriz del amor y la compasión.

Cuando llegamos, Amma estaba dando darshan. La miré con asombro y admiración. Por alguna razón, no podía apartar los ojos de su cara. La oscuridad de mi corazón desapareció como nubes oscuras disipadas por un viento frío.

A Amma Le contaron todo sobre nosotras. También Le enseñaron el artículo de periódico sobre el asesinato de nuestra madre. Mientras le contaban nuestra historia, Amma no dejaba de mirarnos a mi hermana y a mí. Después de oírlo todo, asintió con la cabeza, al parecer aceptándonos.

Amma dijo que nos inscribiría en el orfanato y la escuela de Parippally, y que quería que estudiásemos todo lo que pudiéramos. Después Amma nos abrazó a las dos. Nos sostuvo con fuerza y nos cubrió de besos. Nunca antes habíamos experimentado un amor así, ni siquiera de nuestra madre de nacimiento. La dicha y la paz que experimentamos estaba más allá de las palabras.

Amma dijo:

—Niñas, no estéis tristes. Amma está aquí para vosotras. Amma os va a ayudar a estudiar todo lo que queráis.

Por algún motivo, cuando Amma dijo esto, surgió en mí la convicción de que «esta es tu verdadera madre». Todas las experiencias que he vivido después no han hecho más que confirmarla.

Entramos en la escuela de Parippally. Aunque la vida en la residencia era algo nuevo para nosotras, nos pareció una gran familia feliz. Allí estudiaban y vivían muchas clases de niños diferentes, incluyendo niños de las tribus. Un buen número de niños venían de situaciones aún peores que las nuestras.

Como había tanto cariño mutuo, como en una verdadera familia, ninguno de nosotros sentía que hubiera venido de fuera. Los días pasaban rápida y felizmente jugando, riendo y estudiando.

Cuando el proceso contra nuestro padre progresó tuvimos que ir al tribunal a declarar como testigos. Cuando vi a mi padre, brotaron los recuerdos ocultos de mi madre. Sentía tanto dolor y repugnancia que no pude ni mirarle a la cara.

Cuando visité el áshram, le conté a Amma lo que había pasado. Amma me agarró firmemente y me dijo:

—¿Por qué te preocupas, hija mía? ¿No está Amma contigo ahora?

¡Cuánto amor y afecto maternales! ¿Cómo podría explicarlo? De nuevo, todos esos inquietantes recuerdos me abandonaron.

Por primera vez en nuestra vida, vimos un programa cultural mientras estudiábamos en la escuela de Parippally. Amma nos había pedido que aprendiésemos formas artísticas tradicionales, como por ejemplo el *kudiyáttam* (una clase de teatro sánscrito tradicional de Kérala). Hemos recibido muchos premios por ello en concursos del distrito e incluso del Estado.

Yo tampoco era mala en los estudios. Tenía las mejores notas de todos los estudiantes de la residencia. Cuando recibí aquel premio, se lo enseñe a Amma. Se puso muy contenta y emocionada y les habló de mí a todos los que Le rodeaban. La gracia de Amma fluía hacia mí.

Los primeros días yo dudaba de poder terminar incluso el décimo curso, pero aprobé hasta el duodécimo. Después, Amma me pidió que hiciera el grado de Administración de Empresas en la Universidad Ámrita.

Cuando me gradué, Amma me aconsejó que trabajara unos años y después hiciera el Máster en Administración de Empresas (MBA). Después me ofreció un trabajo en la Universidad Ámrita y me dijo que de esa forma tendría más experiencia y sacaría más provecho del MBA cuando lo tuviera.

Durante la celebración de su sesenta cumpleaños, Amma adoptó ciento un pueblos de toda la India para potenciar su desarrollo sostenible. Se han iniciado nuevos proyectos como parte de esta iniciativa y ahora trabajo en uno de ellos.

Cuando llevaba dos meses en ese trabajo, una mujer que vive en Ámritapuri me preguntó si me querría casar con su hijo. Le respondí:

—Si Amma está de acuerdo, yo también.

Y se lo conté a Amma. Ella dijo:

—Podéis veros y hablar. Si los dos estáis interesados, Yo os casaré.

Me sentí muy feliz, porque esa familia también vivía bajo el cuidado de Amma.

La historia de mi marido había estado tan llena de dolor como la mía. Eso nos hizo sentir un vínculo inmediato de compasión y unió nuestros corazones.

Estoy convencida de que gracias al cuidado y el amor de Amma, la familia que vamos a crear juntos será mucho más feliz que las familias en las que crecimos.

El amor de Amma ha transformado innumerables vidas. Ver los sacrificios que hace cada día para servir a todos nos ayuda a realizar esfuerzos. Ella es realmente un vivo ejemplo de amor incondicional.

Hay un grandísimo número de personas que aman profundamente la forma exterior de

Amma; pero para amarla por completo hay que intentar llegar a ser como Ella por dentro. Lo único que podemos hacer es intentarlo, sonrisa tras sonrisa, esforzándonos por reflejar aunque sea el un mínimo de sus valores y sus enseñanzas de la forma que podamos. La buena intención por pequeña que sea siempre ayuda. Sin duda, podemos crear algo verdaderamente bello como ofrenda para el mundo.

Si las personas pudieran reflejar aunque fuera una pequeña fracción del amor de Amma a través de ellos, entonces se podrían crear millones de imágenes de Amma y el mundo se vería inmensamente bendecido.

Amma hace mucho por nosotros, pero no nos puede obligar a ser desinteresados y compasivos y vivir al servicio de los demás. Eso depende exclusivamente de nosotros. Ella nos da todo lo que puede. Somos nosotros los que decidimos qué queremos hacer con ello.

Capítulo cinco

Construir un mundo de bondad

*Benditos sean aquellos que pueden dar
sin recordar y recibir sin olvidar*

– Desconocido

Todos los días Amma se sienta durante horas compartiendo las risas y las lágrimas, la alegría y la tristeza de la gente, haciéndose una con ellos. Es el mejor ejemplo de la empatía.

Cuando la gente se da cuenta de que Amma entiende sus sentimientos y emociones, se establece un vínculo entre ellos por el que puede fluir el amor curativo de Amma.

Amma encuentra un sinfín de maneras de guiarnos suavemente de regreso al camino de la bondad. Sin embargo, también nos tiene que apartar de la negatividad por la que nos sentimos

atraídos tan a menudo. Nos dice: «Hijos, dejad de destruir. Ese no es vuestro camino. Vuestro camino es el del amor y la compasión. Vuestro camino es el de la empatía, de sentir el dolor y la felicidad de los demás como si fueran vuestros».

A menudo Amma nos recuerda que no debemos molestarnos en discutir si Dios existe o no. Por el contrario, hay que intentar recordar que hay muchas personas que sufren en todas partes y que nuestro deber es ayudarles de alguna manera.

Tenemos que esforzarnos en alegrarnos por los demás, en lugar de tener celos y enfadarnos cuando alguien recibe más que nosotros. Cuando alguien está sufriendo, debemos permitir que nuestro corazón se derrita de compasión y hacer lo que podamos para consolarlos y reconfortarlos, y no alegrarnos en secreto como hacemos muchos de nosotros a menudo.

Esta actitud de aceptación nos abre el corazón y nos llena de paz y de amor. Si intentásemos verdaderamente imitar a Amma, nos daríamos cuenta de que la esencia de su bondad, por la que nos sentimos tan atraídos, reside realmente dentro de cada uno de nosotros. Si solo la vemos por fuera, podremos percibir destellos gozosos de su forma exterior, pero la felicidad y la paz mental duraderas nunca permanecerán en nosotros.

Hay un devoto que conoce a Amma desde hace muchos años. Cuando era joven consumió muchas drogas psicodélicas y se causó algún daño cerebral. A menudo ha vivido como un vagabundo por las calles, pero lleva veinticinco años acudiendo a los programas de Amma. Cada año se presenta en algún sitio para verla.

Siente mucha devoción por Amma, aunque olvida que se tiene que duchar, lavarse los dientes o llevar ropa limpia. Todos los años se lo recordamos y todos los años nos responde:

—Es muy difícil conseguir jabón, champú o pasta de dientes.

A veces puede ser discutidor, pero como quiere tanto a Amma es difícil estar mucho tiempo enfadado con él.

Un año se me acercó y me preguntó:

—¿Me puedes perdonar por lo que dije el año pasado?

Que yo recordara, era la primera vez que pedía perdón, pero no podía recordar qué problemas había causado el año anterior o qué había dicho. Le respondí:

—Por supuesto. Ni me acuerdo ya. No importa.

Ese día fue al darshan y dos días más tarde, durante el último programa final en su ciudad, dijo que iba a ir otra vez.

—¿Te has duchado? —le pregunté.

—¡Ah!—exclamó—. Me he olvidado por completo de que tenía que ducharme antes de abrazar a Amma.

Le recordé las instrucciones de Amma:

—Amma te lo ha dicho varias veces. Te ha dicho directamente que tenías que lavarte el cuerpo y los dientes y llevar ropa limpia cuando acudieras a Ella.

—Sí, es verdad —me respondió—. Se me había olvidado completamente.

Después de una larga pausa larga murmuró tristemente:

—Entonces supongo que no debería ir.

También dijo que esperaba poder encontrar una toalla y jabón para lavarse.

Me ofrecí para buscarle lo que necesitaba y que pudiera ir al darshan, y le dije:

—Vuelve dentro de diez minutos y te habré encontrado algo.

Me fui a la habitación, miré entre mis cosas y me di cuenta de que no necesitaba todo lo que tenía. Encontré una bolsa y metí en ella jabón y champú que me sobraban. El médico me había dado un gel para el dolor y también lo metí. Tenía frutos secos que alguien me había dado y una tableta de chocolate, y después vi los nuevos calcetines que me habían dado. Sabía que eran perfectos para él. También me topé con unas orejeras calentitas que no había utilizado nunca, y en la cocina me hice con algunos paquetes de fideos. Después fui a la sala del personal y metí algunas cosas más.

Parecía Navidad.

Miré en la sala de los suamis por si podía encontrar algo más para él, cacahuetes o alguna otra cosa. Lo puse todo junto con los productos de aseo, la comida y lo demás que había encontrado en una bolsita muy mona.

Cuando bajé al piso de abajo, me di cuenta de que me había olvidado el cepillo de dientes. Otro devoto me preguntó qué hacía y me dio un cepillo y pasta de dientes. Lo pusimos todo en mi bolsa de ordenador favorita, a la que estaba muy apegada, pero sabía que él la necesitaba mucho más que yo.

Estuvimos buscándolo, pero no pudimos encontrarlo durante un par de horas. Por fin, al final de la tarde, apareció y le pude dar encantada la bolsa llena de cosas. Estaba muy agradecido... y yo también. Dijo que todas esas cosas harían que nos recordara.

Más tarde, me puse a pensar tristemente en todos esos años que prácticamente carecía de hogar y nunca se me había ocurrido darle ninguna de las cosas innecesarias que yo tenía.

Pensamos que somos personas «espirituales», pero vamos por la vida en una burbujita de egoísmo, pensando solo en lo que necesitamos y en qué podemos adquirir. ¿Cuánta gente vive en este mundo y se las arregla con mucho menos de lo que realmente necesita mientras que nosotros poseemos mucho más?

Esa noche lloré hasta que me dormí, lamentándome: «¿Por qué nunca antes se me ocurrió darle algo?» De hecho antes ya le había dado jabón y unos pocos artículos de aseo; pero ahora, que parecía mucho más humilde y menos discutidor, era cuando había empezado a darme cuenta de que debía compartir más con él porque realmente era mi hermano.

Vamos por este mundo pensando muy poco en los demás y sus necesidades. Solo pensamos en las nuestras, aunque en realidad no tengamos muchas. Amma nos intenta enseñar a fluir igual que Ella, pensando siempre en los demás.

Aunque tenga el cuerpo destrozado, sigue enjugando las lágrimas de los demás e intenta hacer desaparecer su dolor dando hasta la última gota de su energía vital para consolar a los que acuden a Ella.

¿Qué habrá que hacer para que también nosotros empecemos a sentir así? ¿Cuándo empezaremos a ser *auténticos* seres humanos en el sentido más elevado de la palabra? ¿Cuándo vamos a dejar de vivir egoístamente, con todos nuestros pensamientos, sentimientos y emociones girando a nuestro alrededor y alrededor de nuestro pequeño mundo, sin importarnos nunca realmente la gente?

Amma está dando un bello ejemplo al mundo. Nunca espera que sigamos completamente sus pasos. Eso sería imposible, pero al menos podríamos empezar a intentarlo un poco.

Hay muchas personas en el mundo, héroes desconocidos, que entienden esta verdad y que hacen todo lo que pueden por ayudar, aunque sea mínimamente. Sus actos de bondad pueden transformar realmente la vida de la gente.

El mundo está lleno de posibilidades. Como siempre en esta vida, podemos elegir en qué dirección queremos ir. Cuando entramos en un supermercado, podemos elegir los alimentos poco saludables, grasientos, salados o llenos de edulcorantes o podemos elegir la comida fresca y saludable que nos fortalece el cuerpo y la mente. De nosotros depende la decisión de qué llevarnos a casa.

La internet es otro ejemplo de las infinitas posibilidades que tenemos. Cuando las personas se conectan, pueden optar por navegar por toda clase de sitios destructivos. Pueden ver pornografía, ver cómo hacer drogas o incluso investigar la manera de construir una bomba. Por el contrario, también podemos elegir hacer algo bueno como leer los sitios web agradables y esperanzadores que la gente crea para inspirarnos. Más abajo hay algunos bellos ejemplos, historias verdaderas que se pusieron en línea para elevarnos:

Era el primer día que volvía a la escuela después de haber estado hospitalizada para recibir quimioterapia. Se me había caído todo el pelo y me daba vergüenza. Cuando entré, *todos estaban calvos*: los niños más populares, gente que no conocía, mis amigos, los maestros. *Todo el mundo.*

Hoy he conocido a una chica sin techo de diecisiete años. Me dijo que tenía hambre, así que le dije que viniera a comprar comida conmigo. Se me saltaron las lágrimas al ver cómo intentaba sacar diez céntimos de una escalera mecánica. Cuando nos íbamos, vio a un chico sin techo que estaba pasando frio y sin pensarlo le dio la mitad de su comida.

Doy clase en un instituto. En invierno, durante una alarma de incendios, noté que un estudiante con necesidades especiales estaba llorando y se negaba a salir porque fuera hacía una temperatura bajo cero. Sin decir una palabra, otro estudiante se quitó su cálido chaquetón y lo envolvió con él, consolándole y ayudándole a salir.

Mi novia y yo estábamos esperando en la cola de coches de un restaurante para que nos dieran nuestra comida por la ventanilla cuando vimos a un sin techo pidiendo algo de comer. En cuanto nos dieron nuestra comida, ella me pidió que aparcara y le dio su comida al hombre. Cuando le pregunté por qué lo había hecho, dijo:

—Yo puedo ir a casa y tomarme un bocadillo. Él no.

Hace tiempo mi hija, que tiene sobrepeso y corría todos los días, dejó de hacerlo durante varias semanas. Cuando le pregunte por qué últimamente ya no intentaba perder peso, me dijo:

—A veces yo no soy lo más importante.

Mucho después me enteré de que estaba consolando a una amiga a la que habían violado y que solo confiaba en ella.

Hoy estaba en el parque de mi barrio. Vi a una niña de unos cinco años. Tenía el rostro con una quemadura espantosa, producida en un incendio. Ningún niño se le acercaba. Pero un niño pequeño se acercó a ella, le dio la mano y le dijo:

—Eres muy guapa. ¿Vamos a los columpios?

Ella sonrió y fueron a columpiarse juntos.

Mi hermana de quince años se fue de casa sin avisar y se llevó el coche de mi madre. Después aceptó el fuerte castigo que esta le impuso, pero no le dijo a nadie dónde había estado. Hoy la madre de la amiga de mi hermana llamó llorando para darle las gracias a mi hermana por salvar a su hija del suicidio.

Mi padre murió en un accidente de coche. Me sentía realmente solo y desencajado cuando mi prima de cuatro años se me acercó y me dio un abrazo. Sin soltarme, me susurró al oído:

—Te voy a abrazar para siempre.

Es un objetivo muy noble esforzarnos por ser menos egoístas, dando importancia a la compasión y a otras buenas cualidades, en lugar de a nuestra habitual codicia y egocentrismo. Sabemos que eso es lo que hay que hacer. Entonces, ¿por qué no lo hacemos? ¡Qué maravilloso y satisfactorio sería vivir realmente según esos valores!

Tenemos la posibilidad de vivir como Amma, de ser sus ojos y sus oídos, sus manos en el mundo. Tal y como Ella nos recuerda una y otra vez, si aprendemos a amarnos y a servirnos mutuamente convertiremos este mundo en el cielo.

Capítulo seis

Ama a tu prójimo como a ti mismo

Solo ama perfectamente al Creador quien manifiesta un amor puro a su prójimo.

— Beda el Venerable

Amma no solamente muestra amor a su familia, sus vecinos y sus devotos, sino también a la gente de todas partes. Amma se ve a Sí Misma —el Ser Divino— en nosotros, y ama a cada uno como Se ama a Sí Misma. Para Amma no hay separación.

Si te olvidas de ti mismo y te ofreces todo al mundo, el mundo te cuidará. Cuando Amma sale cada día a dar darshan, Se olvida de Sí Misma y la Energía Divina cuida de Ella completamente. De esa forma puede consolar a todos y además estar cuidada.

Ella nos dice: «Si no pones compasión en las acciones, incluso la palabra 'amor' se queda en una mera palabra. Nunca podrás experimentar la verdad de ese sentimiento si el corazón no se te derrite de compasión por los demás». Debemos intentar practicar esta enseñanza en nuestra vida cotidiana y dejar de pensar solo en nosotros mismos. Amma está constantemente derramando atención, amor y compasión sobre nosotros mientras espera pacientemente que despertemos.

Uno de los devotos de Amma está intentando hacer precisamente eso. En su casa de Inglaterra tiene una tetería que se llama «La casa de Amma». Tiene muchas historias sobre la gracia que fluye cuando seguimos las enseñanzas de Amma y damos la bienvenida a todos con amor, especialmente en situaciones difíciles o inesperadas.

Estos son dos ejemplos particularmente bonitos:

Nuestra tetería se llama «La casa de Amma» en honor a la gracia de Amma y para traer un poco de Amma a nuestro pueblecito. Aunque nadie sepa quién es

Amma, su nombre está en nuestra puerta para bendecir a todos.

Mi tetería es pequeña. Caben como mucho unas quince personas sentadas y no hay mucho espacio entre las mesas. El vestíbulo y las entradas tampoco son muy amplias, y no se pueden modificar.

Según las recomendaciones de salud y seguridad y como sabía lo difícil e incómodo que sería entrar con sillas de ruedas o cochecitos para bebés, comencé a escribir un cartel para que los visitantes supieran que se prohibía la entrada de sillas de ruedas y coches de bebés.

Sabía que esto podría limitar el número de personas que vendrían a la tetería, pero quería que fuera un lugar maravillosamente tranquilo para nuestros clientes.

Terminé el cartel pero, antes de ponerlo, la puerta principal se abrió y una mujer muy decidida entró empujando a una mujer mayor en una enorme silla de ruedas.

No tuve la ocasión de comunicarle educadamente la nueva política antes de que empezara a pedir a otras personas que se levantaran y movieran sus sillas. Se dirigía a la zona que más gustaba, el mirador. En medio del ruido de sillas arrastrándose, agradecí a todos su amabilidad por levantarse para ceder el paso a la mujer y decidí poner el cartel lo antes posible.

Cuando se hubieron ido las mujeres de la silla de ruedas, fui a mi oficina a por el cartel. Cuando volví a salir, había dos mujeres jóvenes sentadas en el mirador, cada una en una mesa… con un bebé en un enorme cochecito firmemente aparcado entre ellas. No podía ni imaginarme cómo habían conseguido meter el coche gigante pasando entre los demás clientes; pero ahí estaban… y ocupando dos mesas enteras (con capacidad para cinco personas). Lo único que podía hacer era sonreír y servirles.

Cuando se hubo marchado el bebé con el cochecito y la tetería volvía a estar en paz, fui de nuevo a por el cartel. Sin embargo, volví a salir rápidamente porque de pronto se oía mucho ruido.

Una entusiasta familia de seis personas estaba de pie en la entrada, con una
sonrisa de oreja a oreja. En ese momento
solo había una pareja en la tetería dis-
frutando de lo que hasta entonces había
sido una relajada taza de té. Estaban tan
sorprendidos como yo.

La familia entró rápidamente en la
sala. Unos empezaron a juntar mesas,
otros a recorrer la sala para elegir las sillas
y otros a hacer cola con gritos de júbilo
delante de las tartas que estaban expuestas.

Me dijeron que la hija adolescente
tenía parálisis cerebral y por eso necesitaban más mesas para que la porcelana
no estuviera al alcance de posibles movi-
mientos bruscos. Miré a la hija mientras
le ponían una servilleta bajo la barbilla
para protegerla de la tarta de chocolate.
Ella gritaba, encantada, con todo el cuerpo temblando de emoción. Ahí estaba
sentada, llena de gozo. Sonreí y me rendí.
Tiré el cartel a la basura.

Cuando se marcharon, me dieron
las gracias por hacer que el té hubiera

resultado una salida tan deliciosa. Aseguraron que le dirían a todo el mundo de la residencia que tenían que venir.

Limpié toda la tarta caída y el té derramado, coloqué todas las sillas y las mesas en su sitio y puse los manteles a remojo. Después me reí con ganas. Era evidente que mi idea de cómo debía ser la tetería no era la de Amma. Estaba claro que Amma quería que todo el mundo pudiera venir a nuestra tetería, sin excepciones.

Y así es como ha sido.

Segunda historia de la tetería:

Había sido un sábado muy atareado, con muchos clientes. Habíamos trabajado todo el día sin parar y estábamos cansadísimos a la hora del cierre. Había tenido principio de migraña todo el día y no me sentía bien.

Finalmente, el local se vació y nos pusimos a limpiar la cocina y a apagar los aparatos. La camarera me dijo que había olvidado darle la vuelta al cartel de cerrado y echar el pestillo y me preguntó si podía hacerlo yo. Volví a salir al local.

Me sorprendió ver a un hombre mayor con un abrigo viejo, apoyado pesadamente en un bastón. Me preguntó si habíamos cerrado y si podía darle una taza de té porque estaba muy cansado. Ya estaba oscureciendo y llovía afuera y, aunque había estado deseando poder descansar en el sofá, le invité a entrar y le acompañé a una mesa.

Volvimos a sacarlo todo y le serví la bandeja de té. Estaba claro que quería estar sentado tranquilamente sin conversar. Mientras se tomaba el té muy despacio le dije a la camarera que se fuera a casa, que yo me encargaría de que el señor estuviera bien.

Me puse a hacer cosas como limpiar los cubiertos y reponer las servilletas. Al cabo de un rato el señor me llamó. Quería la cuenta y saber qué clases de té servíamos.

Yo no me sentía muy bien, pero cuando se está en la casa de Amma se tiene un deber, una responsabilidad, aunque solo lo sepamos Ella y yo. Tenemos que estar preparados para caminar un kilómetro más cuando sea necesario, y hay que hacerlo con amor.

El señor mayor y yo estuvimos hablando un rato. Le expliqué las clases de té y traje algunos de la cocina para que pudiera oler la fragancia de las hojas. Finalmente, el señor terminó el té y agarró el bastón como para irse.

Me dispuse a acompañarle hasta la puerta, pero me sorprendió cuando me preguntó si podía comprar unos botes de los tés más caros y especiales que tenía. Yo no esperaba que comprara nada aparte de su taza de té.

Unos cuantos botes de té pueden no parecerle mucho a la mayoría de la gente, pero que alguien compre en mi tienda algo más que su taza de café o de té representa una gran diferencia en los ingresos para vivir. Es una gran bendición.

Que este señor comprara más de un bote de té fue un gran regalo. Yo le había dado mi tiempo y mi atención

incondicionalmente y no esperaba nada
a cambio, pero de todas formas recibí
algo maravilloso.

La belleza de la gracia me llena los
ojos de lágrimas silenciosas de admiración y gratitud inacabables.

La gente siempre está buscando el secreto del
éxito en la vida. La fórmula del éxito para todo
es muy sencilla: haz lo que tengas que hacer en
el momento adecuado, aunque no tengas ganas
de hacerlo. Esta fórmula se aplica tanto al éxito
en la vida mundana como en la espiritual.

Hay un joven al que le gusta que Amma le
preste atención siempre que puede. Cada vez que
Amma pasa, le pide *moksha* (la iluminación o
la liberación), como si fuera una pizza deliciosa
que se pudiera pedir en un café. Le pide moksha
todos los días sin excepción.

En respuesta, Amma le preguntó si tenía novia.
Dijo que había tenido una. Amma le contestó
inmediatamente que no podía obtener moksha con
una sola novia, que tenía que tener dos.

Todo el mundo se echó a reír. Más tarde
comprendí que el comentario de Amma era de

lo más profundo. Con solo una novia, todavía le quedaba mucho tiempo para pensar en sí mismo, pero con dos estaría tan ocupado con ellas que tendría que olvidarse de sí mismo y trabajar muy duro para satisfacerlas.

Solo era un chiste de Amma (¡así que, por favor, no vayáis a buscar dos novias!), pero en el chiste había algo de verdad. Olvidarnos de nosotros mismos para servir a los demás es realmente la forma más rápida de fundirnos con lo divino.

Es muy importante ser simplemente una persona amable, bondadosa y educada y ayudar a los demás sin pensar en las consecuencias. Eso funciona en todas partes. Cultivando los valores espirituales e intentando vivirlos con autenticidad es como podemos aprender a amar a todos como a nosotros mismos y ayudarnos a crecer unos a otros y al mundo. Amma está convencida de que eso es lo que se necesita en la inquieta sociedad actual.

Capítulo siete

La austeridad más grande

La paciencia es el remedio de todos los sufrimientos.

— P. Syrus

Tratar con todas las diferentes clases de personalidad que nos rodean puede llegar a ser muy difícil. A menudo olvidamos que las personas difíciles que ponen más a prueba nuestra paciencia son las que han sufrido heridas más profundas en su vida. Son las personas que más cuidado y atención necesitan para curarse.

De hecho, aunque no nos gusten mucho, son nuestros mejores amigos porque nos muestran qué es lo que tenemos que trabajar en nosotros mismos.

Amma atrae a muchas de estas personas, ya que no hay otro lugar en el mundo en el que sean amadas y aceptadas incondicionalmente. Las personas siempre están dispuestas a rechazar a los demás, pero Amma acepta a todo el mundo y nos muestra que el amor incondicional y la paciencia van de la mano. Uno lleva a la otra.

Una vez una joven me contó lo difícil que era su familia para ella. Cuando se trasladó al áshram de Amma en la India para llevar una vida de servicio, se lo hicieron pasar muy mal debido a su decisión.

La familia en la que nacemos está unida kármicamente a nosotros por alguna razón. Le dije a esta chica que no debía preocuparse demasiado si se burlaban o se reían de ella. Hay un vínculo sutil de amor que subyace a la relación entre todos los miembros de la familia, aunque a veces sea difícil percibirlo.

Nuestra familia suele querer lo mejor para nosotros y teme todo lo que no entiende. Hay que tener paciencia con ellos y mostrarles, por medio de nuestras buenas acciones, que hemos tomado la heroica decisión de llevar una vida espiritual.

Le dije a esta chica que dependía de ella demostrarle a su familia, con su buen comportamiento, que no estaba huyendo del mundo sino haciendo que fuera más hermoso al dedicar su tiempo al servicio desinteresado.

Hay muchos buscadores espirituales que pueden no entender por qué tienen que experimentar los conflictos que los enfrentan a otros miembros de su familia o simplemente al vecino de al lado.

Olvidamos que *todo* está destinado a presentarse ante nosotros por una muy buena razón. Por eso hay que aumentar nuestra paciencia y nuestra compasión por los demás. Intenta fijarte en la historia de todos aquellos con los que tienes dificultades, ya que eso te ayudará a entender por qué han llegado a ser como son.

Después de acostar a sus nietos, una abuela se puso unos pantalones viejos y una blusa arrugada para lavarse la cabeza. Oyendo que los niños alborotaban cada vez más, su paciencia se fue agotando. Por fin, se puso una toalla en la cabeza y entró en la habitación de los niños, mandándolos otra vez a la cama con serias amenazas.

Cuando salió de la habitación, oyó decir a la niña de tres años con voz temblorosa:

—¿Quién era esa?

Cuando perdemos la paciencia, dejamos de estar en contacto con nuestro Ser verdadero y nos volvemos irreconocibles para los demás y para nosotros mismos.

Realmente, el más grande y el más humilde de todos tendrá una cantidad ilimitada de paciencia y de tolerancia. A veces pienso que la paciencia de Amma con nosotros es aún más grande que su amor. Ella espera pacientemente que cambiemos, sin obligarnos a aceptar ninguna verdad o principio espiritual. Sencillamente derrama sobre nosotros su amor y su aceptación mientras nos da infinitos ejemplos de bondad esperando que cambiemos y encontremos la verdadera felicidad que siempre estamos buscando.

Un día, mientras íbamos en avión, Amma se volvió hacia mí y me dijo:

—La austeridad más grande que se puede practicar es la paciencia.

Me sorprendió mucho oírlo, ya que nuestra mente no suele asociar la paciencia con la austeridad; pero Amma ha conocido a millones de personas que se hallaban en toda clase de situaciones. Se ha encontrado con problemas innumerables e inimaginables y realmente entiende la psique humana con todas sus sutilezas.

La práctica de la paciencia nos hace felices, reduce nuestros niveles de estrés y mejora nuestro rendimiento en situaciones difíciles. Amma sabe que la solución de todos los problemas consiste en ser más pacientes, pero ciertamente no es algo fácil. Como nos recuerda, hay que aprender a ser pacientes, ya que de lo contrario nos convertiremos en «pacientes». El ochenta por ciento de las enfermedades actuales están relacionadas con el estrés.

Cuando estábamos viajando por Kérala, los devotos del lugar querían hacer *pada puja* (lavar los pies de la guru) tras la llegada de Amma. Al terminar la ceremonia todo el mundo quería conseguir un poco de agua bendita. Con tanto tirar de un lado y de otro, el recipiente del agua se cayó y todos se quedaron sin agua. Desperdiciaron todo el precioso líquido.

Con el deseo impaciente de recibir siempre, perdemos lo más importante: la paz interior en el momento presente... o en este caso, el agua de la pada puja.

He oído historias enormemente divertidas sobre las colas de la comida o las interminables colas para recibir los números del darshan, en las que la gente da razones sumamente ingeniosas para llegar a su objetivo directamente, por delante de todos los demás y lo más rápido posible.

A veces, algunas personas han llegado a utilizar a los hijos y los bebés de sus amigos para parecer padres que tienen que recibir números de darshan prioritario, por no querer esperar más tiempo.

Nuestra paciencia pasa por una gran prueba cuando tenemos hambre y estamos en la cola de la comida. En esa situación, nuestra ansia de conseguir cuanto antes una taza de chai, comida o cualquier cosa que necesitemos puede hacernos olvidar cualquier comportamiento razonable. Pensamos que lo necesitamos todo ahora mismo. ¿Por qué vamos a tener que esperar tanto tiempo con toda esa gente?

Amma ha dicho que una gran prueba para nuestra paciencia es cuando tenemos hambre y estamos sentados frente a un plato de comida.

¿Seguiremos teniendo tiempo de rezar antes de comer?

Alguien me ha dicho que en algunos de los templos más grandes hay colas de darshan «exprés» en las que pagando algo de dinero puedes hacer la cola rápida para ver a la deidad. Este proceso acelerado está especialmente pensado para las personas ocupadas que tienen cosas más importantes que hacer que perder el tiempo haciendo cola, aunque sea en un templo.

Cuando hay miles de personas esperando en la cola del darshan de Amma, alguien tendrá que esperar hasta el final del programa y ser el último. A menudo los que tienen la paciencia de esperar hasta el final son los que reciben el darshan más largo y más bonito.

Todas las formas de maternidad nos enseñan la cualidad de la paciencia. ¡Con qué paciencia una madre pájaro empolla sus huevos durante los aguaceros, los vendavales o un sol ardiente, esperando su eclosión! Las aves deben tener una paciencia inmensa para esperar a que sus pollitos rompan el cascarón, porque, si los padres intentan abrir los huevos demasiado pronto, será un desastre.

Cuando un niño está creciendo en el vientre de la madre, esta debe tener muchísimo cuidado, atención y paciencia para aguantar muchos meses difíciles de malestar en un cuerpo que crece constantemente. Tiene que obligarse a tener paciencia y perseverancia tanto mientras el bebé se va formando como mientras nace dolorosamente.

Después, tras el nacimiento, todavía hace falta más paciencia para criar bien al hijo con todas las exigencias de la maternidad.

Todas las cosas importantes que podemos conseguir en la vida requieren tiempo para desarrollarse y tolerancia y fortaleza para mantenerse.

La paciencia es una cualidad increíblemente rara y preciosa que está desapareciendo rápidamente en el apresurado mundo actual.

Amma nos recuerda en sus satsangs que hasta para entrar en el cielo hay que hacer una larga cola. Si no estás dispuesto a esperar en ella de pie, te pueden enviar al otro lado…

Aunque creo que en este mundo actual en el que los valores están en declive, la cola del cielo probablemente será corta y la del otro lado, mucho más larga.

Amma cuenta a menudo la historia de dos buscadores espirituales que pasaron muchos años meditando bajo un baniano sagrado. Un día se les apareció el sabio Nárada, el mensajero de los Dioses[2]. Los dos saltaron de sus asientos y corrieron hacia él. Le dijeron:

—Dile al Señor que llevamos muchos años meditando bajo este árbol sagrado. Por favor, pregúntale al Señor cuándo vamos a obtener el conocimiento de Dios. Tenemos muchísimas ganas de verlo.

Narada se fue y habló con el Señor. Cuando volvió, el primer buscador corrió hacia él y le preguntó:

—¿Tienes algún mensaje del Señor para mí?

Nárada le respondió:

—El Señor dice que tienes que contar las hojas de este baniano sagrado. Ese es el número

---

[2] Algunos podéis pensar que la palabra «Dioses» no debería estar en mayúscula, pero no puedo evitar ponerla. En el mundo actual, en el que el sistema de valores está declinando rápidamente, quiero poner mayúscula a todos los Dioses. Todos los Juan, Pedro y Tomás se escriben con mayúscula. ¿Por qué no se la podemos poner a Dios? En todo caso, en mis libros, los Dioses la tendrán.

de años que tardarás en conseguir tu objetivo final.

El buscador miró el árbol y abrumado por las miles de hojas, dijo:

—Esto es desalentador. He perdido muchísimo tiempo aquí meditando bajo este árbol en lugar de disfrutar de los placeres del mundo.

Y se alejó de la espiritualidad.

El segundo buscador se acercó a Nárada y le pregunto lo mismo:

—¿Algún mensaje del Señor para mí?

Nárada respondió lo mismo:

—El señor dijo que tenías que contar las hojas de este baniano sagrado. Ese es el número de años que tardarás en conseguir tu objetivo final.

Inmediatamente, el segundo buscador se puso a bailar de gozo.

Nárada le preguntó:

—¿Me has oído bien? En este árbol hay miles de hojas. ¿Por qué te alegras tanto?

El buscador le respondió, lleno de dicha:

—Estoy muy agradecido porque algún día mi Señor vendrá a mí y me concederá su visión divina.

Entonces, el Señor apareció y le concedió inmediatamente la liberación al segundo buscador. La moraleja de la historia, nos dice Amma, es que «la paciencia infinita produce resultados inmediatos».

Si alguien piensa: «De la noche a la mañana me voy a convertir en el yogui más grande de la historia, voy a obligar a mis miembros a estirarse de un lado para otro haciendo ejercicios de yoga», ¿qué pasará al día siguiente? Puedes lesionarte un músculo y empezar a cojear ya en la primera clase de yoga. Todo por querer ser un experto rápidamente y no dedicar el tiempo ni el esfuerzo necesario para empezar despacio. Algunas cosas hay que hacerlas gradualmente.

Una vez leí una historia sobre un profesor que tenía el capullo de una flor en su mano. Se lo enseñó a un estudiante y le preguntó:

—¿Puedes obligar a esta flor a abrirse?

El estudiante entusiasmado tomó la flor e intentó abrir los pétalos. Intentó obligar a la flor a abrirse y florecer. Los pétalos simplemente se rompieron, se hicieron pedazos y se echaron a perder.

El ejercicio pretendía enseñar a los estudiantes la importancia de la paciencia en nuestra vida. Para que una flor florezca y difunda su aroma, se tiene que abrir naturalmente. En la vida espiritual a veces queremos forzar las cosas, pero hay que tener la sabiduría de la paciencia. Recuerda que todo florece en el momento adecuado.

Capítulo ocho

Aprender a responder

El perdón es la fragancia que desprende la violeta sobre el talón que la acaba de aplastar.

— Mark Twain

Se necesitan muchos años de vida espiritual para aprender a no reaccionar exageradamente, como muchos de nosotros hacemos demasiado a menudo. Pero si podemos hacer las prácticas espirituales con la actitud adecuada y utilizamos el *mantra japa* (repetición de sílabas sagradas) y otras herramientas de atención como métodos que nos ayudan a controlar la mente, con el tiempo nuestras reacciones negativas se irán calmando.

Las personas jóvenes reaccionan ante cada pequeñez. Si miramos la cara de un bebé, veremos que en solo unos minutos pasan por su rostro una infinidad de expresiones diferentes.

Puede ser divertido. Sin embargo, al hacernos mayores no resultamos tan «monos» cuando reaccionamos constantemente a todas las emociones que nos pasan por la cabeza.

En lugar de estar siempre *reaccionando* ante nuestros pensamientos y emociones, debemos empezar a aprender el arte de *responder*.

Cuando reaccionamos, las emociones son las que nos guían; pero las emociones van y vienen como el viento. No hay que confiar en ellas. Cuando dejamos que sean la base de nuestros juicios, solemos acabar con un montón de problemas.

La base del *responder* viene de un lugar mucho más sabio. La respuesta se basa en el sentido común y en la sabiduría, no solo en los hábitos instintivos.

Reaccionar ante todo lo que pasa es un reflejo natural que procede de las profundidades de nuestra psique. Ese impulso surge del instinto de luchar o huir intrínseco en nosotros y que se ha transmitido durante milenios. Se necesita mucha disciplina y atención consciente, aprendida en un largo período de tiempo, para moderar nuestras reacciones y optar con más sabiduría y discernimiento por *responder* a las situaciones.

Con la práctica consciente podemos ir adquiriendo poco a poco algo más de autocontrol. Podemos ser los amos de la situación en lugar de ser sus esclavos y resolver los retos que vayan apareciendo con decisiones templadas por una mente en calma.

La mayor parte de las personas no conocen el ciclo evolutivo de la vida y las inevitables repercusiones que generan nuestras actitudes y nuestras acciones. Saber esto nos da la capacidad de aceptar las dificultades que aparecen en nuestra vida. Todo lo que hacemos nos regresa, de una u otra forma.

Cuando reaccionamos con ira hacia los demás, hay que recordar que en algún momento futuro nosotros estaremos en la parte receptora de esa cólera, ya que nos volverá como un bumerán. Si podemos perdonar y responder amablemente ante los errores de los demás, también el perdón volverá a nosotros más tarde como una bendición.

Una mujer me contó una historia de su familia. Su prima estaba quedando con un hombre que su tío y su tía veían con malos ojos porque practicaba una religión diferente de la de ellos. El tío llegó a hacer una escena en el trabajo de su hija exigiéndole delante de todos los presentes que rompiera con su novio.

Como su prima siguió manteniendo la relación con el novio, la relación con sus padres se volvía cada vez más tensa. Al final, se casó con ese hombre y sus padres le dijeron:

—Habría sido mejor que murieras en lugar de hacer este agravio a tu familia.

Dejó de hablarse con ellos por completo.

Seis años y dos hijos más tarde, su madre y su padre están desesperados por volver a hablar con ella y conocer a sus nietos, pero su hija se niega. No los va a perdonar. Cree que criar a sus hijos cerca de sus padres, que están tan llenos de odio y de ira, sería malo para ellos. Su familia, que solía ser grande y estar unida, ahora está completamente disgregada.

Si intentamos canalizar la compasión (o al menos tener un poco de discernimiento) cuando vemos cómo afectan a los demás nuestra ira, nuestra envidia y nuestro odio, la vida será mucho más agradable. Recibiremos la bendición de nuestra propia mente, que es algo muy grande.

Las ondas de la mente siempre estarán ahí, girando dentro de nosotros con juicios y emociones que cambian constantemente; pero recuerda que cada vez que tu reacción sea exagerada, te vas a arrepentir. Te volverá de una u otra forma.

Cuando nos damos cuenta de que nuestras reacciones hacen daño a las personas que queremos, empezamos a cambiar poco a poco y nos volvemos más tolerantes. Con la práctica, cuando empecemos a acordarnos de no juzgar y no enfadarnos, seremos testigos de cómo nuestras reacciones exageradas van disminuyendo lentamente hasta acabar desapareciendo. Pero hay que tener paciencia, la ira es muy difícil de superar por completo, ya que existe dentro de todos nosotros de una u otra forma.

Si alguien te trata mal, es porque ha sufrido mucho en su vida. Perdónale y esfuérzate por ser amable.

Un día estaba mirando una fotografía. Era la infrecuente historia de una batalla entre una pequeña serpiente y una gran rana. La serpiente había capturado a la rana, pero la rana también tenía a la serpiente en la boca.

Un galardonado fotógrafo había captado esa imagen permaneciendo ahí sentado esperando ver quién ganaba la batalla. Estuvo mirando doce largas horas. Al final, se rindió y se fue a dormir. No llegó a saber quién ganó la batalla. La rana y la serpiente estaban totalmente atrapadas en esa lucha silenciosa, que quizá durara días.

Cuando nos peleamos con alguien, podemos quedarnos realmente atascados si no estamos dispuestos a ser quien cede y se retira. El ego puede ser terriblemente terco. Una solución para los devotos es imaginarnos que la persona con la que tenemos el conflicto es Amma. *Realmente* no deseas discutir con Ella, créeme. Lo he intentado varias veces y no puedes ganarla nunca.

El perdón es una herramienta extraordinaria para unir la mente y el corazón de la gente. Crea armonía en todos los niveles, desde nuestra salud y paz mental hasta todas las capas de lazos kármicos que se van aflojando.

Esta historia impactante y verdadera de una mujer europea es un buen ejemplo de esto:

He acudido a los programas de Amma desde que empezó a venir a Barcelona. Esta vez ha sido diferente. Dos semanas antes de que Amma viniera, mi vida se derrumbó.

Iba por la calle, como todas las mañanas, cuando unos hombres se me acercaron y me preguntaron la hora. Les dije:

—No sé qué hora es.

Y seguí caminando. En ese momento se abrió la puerta de atrás de su coche, una mano salió y me puso un trapo sobre la boca.

Me metieron en el coche y levantaron las persianas para que nadie pudiera ver lo que pasaba y la gente pensara que se trataba de una pareja con muchas ganas de estar juntos.

Perdí la conciencia. No sé exactamente qué pasó, pero cuando me recuperé tenía un hombre encima de mí, violándome. Intenté defenderme con uñas y dientes y le di varias patadas. Por suerte, le hice daño y se separó un poco de mí.

Aproveché el espacio y le di una patada aún más fuerte.

Había otros hombres viendo cómo me violaba y uno de ellos intentó agarrarme, pero fue muy lento. Salté del coche, corrí y me escapé.

Corrí, salté una zanja realmente grande y me encontré en campo abierto, pidiendo ayuda a gritos. Me caí en otra zanja llena de agua para regar el terreno. Empecé a lavarme, porque me sentía muy sucia. No podía estar tan sucia. No quería sentirme así de sucia. No quería.

Nunca había esperado que me pasara algo así. Nunca lo había provocado. No sé por qué pasó. Mi único consuelo era que quizás, por haberme tocado a mí, alguna otra chica se había salvado.

Fui a ver a Amma pocas semanas después. Soñé que Ella quería que acudiera. En mi sueño Ella me abrazaba y me decía que me iba a ayudar a superar el dolor que tenía, y La creí.

Hice el viaje sola. Mis hijas no querían que fuera porque veían que me encontraba en un estado realmente malo. Pensaban que no iba a ser capaz de aguantar sola el viaje de cuatro horas. Pero insistí.

Cuando llegué, la maravillosa gente de Amma me ayudó. No tenía número para el darshan, pero ellos me dieron uno de los primeros. Cuando llegué con Amma les pedí que por favor le contaran lo que me había pasado.

Algunas personas suponen que cuando eres un «hijo de la Madre», la Madre te va a proteger y algo así no puede pasar... pero pasó.

Pero Amma lo cambió todo.

Cuando me miró, mientras le contaban lo que me había pasado, sentí su compasión filtrándose dentro de mí. Me acerqué a ella con toda confianza, llena de esperanzas y emociones. Estaba segura de que Ella me estaba llamando en mis sueños, y por eso había venido a verla. Ya cuando me abrazó por primera vez sentí que era un abrazo diferente de todos los que había recibido antes.

No es que ella me diera personalmente un abrazo diferente de los anteriores, no es eso lo que quiero decir. Pero yo sentí que era diferente y a partir de ese momento empezó a producirse un milagro.

Cuando Amma me abrazó, me puso la mano sobre el corazón. Yo le estaba diciendo: «Madre, por favor quítame este dolor. No hace falta que te lleves las heridas, pero sí el dolor, por favor llévatelo».

Amma me miró a los ojos y, sin apartar la mirada, me presionó el pecho tres veces con la mano. La segunda vez, empecé a sentir como si su mano estuviera penetrando en mi cuerpo.

La tercera vez, fue como si su mano, su poder y su energía estuvieran atravesando mi cuerpo y saliendo por la espalda, liberándome de todo el dolor que llevaba.

Después del darshan, sentía que la mano de Amma se había quedado en mi cuerpo y en mi mente. Sé que Ella me está ayudando a perdonar a esas personas. De hecho, ya lo estoy haciendo.

Antes del darshan de Amma quería morirme, me preguntaba cómo podía seguir viviendo teniendo ese recuerdo todos los días. Pero no tenía fuerza para suicidarme, así que me corté el pelo al cero (antes lo llevaba largo, hasta los hombros) en señal de protesta por todo el daño que me habían causado y por todo el dolor interior que sentía. Después del darshan de Amma pude volver a dormir una noche entera.

Le llevé todo mi dolor a la Madre… y Ella me lo quitó.

Nunca le eché la culpa a Dios. Sí que le pregunté: «¿Por qué yo?» Pero seguía teniendo fe. Aunque hubiera disminuido un poco, nunca la perdí del todo.

La diferencia ahora, después del darshan de Amma, es que siento una paz espiritual completa, total. La Madre se llevó el dolor de mi corazón. Ahora me siento como si estuviera empezando a subir la escalera del cielo.

No puedo creer que haya sido «la elegida» para este milagro. Pero el mayor milagro es que he renovado mi fe en Dios... y en los hombres. De nuevo soy feliz.

Estoy orgullosa de ser mujer. Todos los hombres son mis hermanos y todas las mujeres mis hermanas. Todo es mío y estoy empezando a perdonar. Creo que ese es el mayor milagro de todos.

Amma está aquí conmigo, siempre. Siento su amor dentro de mi corazón. Sé que Ella siempre estará conmigo.

Dios ha puesto a Amma en la tierra para gente como yo, para que Ella pueda hacer estos grandes milagros. Gracias, Amma, y gracias por toda la gente que te sigue y quiere ayudarte. Desde ahora yo también quiero ayudar.

El cielo y el infierno son conceptos mentales. Creamos nuestro propio cielo e infierno con nuestras acciones y reacciones. El perdón es uno de los modos de crear el cielo en nuestro interior. Lo bonito es que si realmente haces todo lo posible por perdonar a otra persona, tú recibirás más bendiciones que nadie, más incluso que la persona a la que estás perdonando.

Si nos aferramos a la ira y al odio, los únicos que sufrimos realmente somos nosotros. Cuando perdonamos, aunque las circunstancias sean dolorosas y el proceso extraordinariamente difícil, empezamos a encontrar un trocito de cielo dentro de nosotros. A menudo, cargamos con nuestro dolor durante años y años, vidas incluso. Solo depende de nosotros decidir soltarlo.

Por muy difícil que parezca, hay que recordar que, cuando perdonamos, en último término los beneficiados somos nosotros. Debemos aumentar nuestra fuerza comprendiendo quiénes somos realmente y por qué estamos aquí. Solo entonces podemos viajar lentamente hacia adelante y aprender a abrazar todo lo que hay en la vida.

Capítulo nueve

Ser siempre un principiante

*Todos los ríos fluyen hacia el mar porque
está más bajo que ellos. La humildad
es la que le da su poder al mar.*

— Lao Tzu

Una chica me contó que antes trabajaba de
«chica del arnés» en un centro de paracaidismo.
Su trabajo era poner los arneses a las personas
que iban a saltar del avión. Le pregunté si había
muchos accidentes donde ella trabajaba.

Me respondió con toda naturalidad:

—Pues sí, hay unas cuantas muertes cada
año.

—¿Muertes? —exclamé, horrorizada— ¿Por
qué va a arriesgar nadie la vida saltando de un
avión?

—Es divertido —me respondió—. Además, los principiantes no mueren nunca, porque siempre saltan en tándem, sujetos a la espalda de un experto. Y los expertos tampoco mueren nunca. Los que suelen tener accidentes son los que piensan que son mejores de lo que son.

»Lo que pasa es que para aterrizar suavemente hay que abrir el paracaídas a suficiente altura; pero cuanto mejor lo haces, más abajo puedes abrir el paracaídas. Así es más emocionante. Las personas que se matan es porque han abierto el paracaídas demasiado tarde y han perdido el control. En realidad no es peligroso, pero la arrogancia les hace cometer un error fatal.

Igual que esos paracaidistas, tenemos que abrir nuestra vida con humildad ahora, antes de que sea demasiado tarde, porque realmente el ego nos puede matar.

Como dice Amma: «Solo podemos controlar las cosas hasta cierto punto. Más allá, lo que hace que pasen las cosas es la gracia divina. Hay que esforzarse con una actitud de entrega. Hasta cuando ganamos una competición tenemos que bajar la cabeza e inclinarnos para recibir la medalla. La humildad es la llave que abre el corazón».

Hubo un actor europeo famoso en todo el mundo que vino a ver a Amma a la India. Normalmente, allá dónde va la gente se agrupa a su alrededor, lo adula, lo mira y le pide autógrafos. Sin embargo, en Ámritapuri tuvo una experiencia muy distinta.

Mientras esperaba en el escenario a que se rodara su papel en una película que se estaba rodando en Ámritapuri, se levantó para intentar ver a Amma. Sin darse cuenta, le estaba tapando la vista a una anciana que, enfurecida, tomó su paraguas y empezó a golpearle en la espalda, pidiéndole que se sentara. Ella no sabía quién era pero, aunque lo hubiera sabido, no le habría importado. Lo único que quería era que se quitara de en medio para poder ver a Amma.

Alrededor de Amma hasta los egos más grandes son puestos a prueba... a veces gracias a una anciana con paraguas.

No te olvides: los golpes fuertes, las personas difíciles, el sufrimiento y las pruebas son los que nos van tallando el ego a martillazos. Nunca sabemos cómo nos va a poner a prueba la Divinidad.

La humildad de Amma no tiene parangón. Cuando viajamos a Kenya para hacer un programa, mientras íbamos en coche a ver la finca de un devoto vi que algunas personas que había al lado de la carretera nos señalaban y decían algo. Con curiosidad, le pregunté al conductor qué estaban diciendo.

Él me tradujo:

—¿Cuál de ellas es Ella, la que va de blanco o la de naranja?

Cuando se lo traduje a Amma, dijo humildemente:

—Yo soy del mismo color que ellos, así que tú sonríe y salúdalos.

Amma me hizo fingir que era Ella y sonreír y saludar a todos por la ventanilla del coche. Fue un ejemplo asombroso de su humildad. No le importaba que yo me hiciera pasar por Ella sencillamente porque pensaba que la gente estaría más feliz y más emocionada de ver a alguien diferente de ellos.

En lugar de envanecerse, hay que intentar ser humilde e intentar pasar toda la vida aprendiendo de todo lo que hay en la creación. Fíjate en Amma. Ella ya ha aprendido todo lo que tiene que aprender, pero todavía se abre para seguir aprendiendo. O nos volvemos humildes con dignidad, voluntariamente, o la vida nos obligará a ser humildes haciéndonos experimentar situaciones dolorosas o embarazosas.

Cuando Amma no está dando darshan, a menudo se La puede encontrar estudiando diferentes aspectos del modo de gestionar las escuelas, los hospitales y los institutos de administración de empresas que ha fundado. A veces se pasa la noche estudiando las formalidades relacionadas con su funcionamiento. Por eso puede dirigir tan bien todos los aspectos de sus instituciones.

Ella nunca piensa: «Yo ya sé lo suficiente sobre esta creación, no tengo que aprender nada más». Siempre está abierta a aprender en todas las situaciones.

Al abrir la mente y el corazón, entenderemos que toda la vida, con sus altibajos, pruebas y tribulaciones, es un viaje de estudios infinito. Hay una sabiduría sin límites esperando ser descubierta. Cada brizna de hierba, cada copo de nieve y hasta nuestros billones de huellas dactilares son completamente únicas, y cada una de ellas tiene algo que enseñarnos.

Hay una lección que aprender de todos y de todo. Aunque pensemos que hemos fracasado miserablemente en el pasado, debemos intentar aprender de esa experiencia. Pongamos el ejemplo de una araña: si le destruyen la tela sigue construyéndola de nuevo, sin darse nunca por vencida.

La naturaleza y toda la creación están dispuestas a compartir con nosotros sus secretos más profundos; pero no solo tenemos que abrir los ojos, sino también la mente y el corazón para ver claramente las lecciones. Si humillamos un poco el ego y estamos dispuestos a aprender, la gracia vendrá a nosotros y se revelarán los misterios del universo. La vida se convertirá en una bella celebración.

La vida es una constante fluctuación de pruebas y errores, lo que significa que seguro que a menudo vamos a cometer errores en el camino. Algunas personas buscan en las revistas artículos que les enseñen los secretos mágicos de «cómo hacerlo bien», pero sin resultado alguno. Nadie es perfecto y todos somos diferentes. Leí un artículo en el que un hombre citaba a su jefe, que decía: «Muéstrame a una persona que nunca haya cometido un error y demostrarás que eres un mentiroso».

Lo bueno es que cuando cometes un error siempre va a haber alguien ahí dispuesto a señalártelo y a corregirte. Por lo menos alégrate de eso.

Una tarde en el áshram, durante los *bhajans* (cantos devocionales), una niña muy traviesa estaba sentada en el escenario cerca de Amma. Cada vez que empezaba a jugar o a molestar, me volvía hacia ella y la reñía en voz baja diciéndole que dejara de hacer ruido. Ella no sabía mucho inglés pero, a pesar de eso, casi siempre torcía el gesto y se quedaba quieta un ratito.

Al cabo de un rato volvía a portarse mal, así que yo me volvía otra vez y me ponía seria con ella, intentando controlarla. En un determinado momento, cuando estaba molestando demasiado, me volví y le dije:

—¡Eres una maleducada!

Se inclinó hacia mí y me susurró:

—Te quiero.

Tengo que reconocer que su respuesta me sorprendió un poco.

Se volvió a inclinar hacia mí y repitió un poco más fuerte:

—¡Te quiero!

Tenía una sonrisa monísima y me quedé sin palabras.

Cuando esta niña se levantó para irse al final del programa, mientras todos los demás niños se iban corriendo del escenario, se volvió hacia mí por última vez y con una gran sonrisa y en voz muy alta, me dijo:

—¡¡¡*Te quiero*!!!

Y después se fue corriendo.

Como esa niña, tenemos que esforzarnos por cultivar la humildad y alegrarnos de que alguien nos señale nuestros errores. La gente que sabe hacerlo fluye por la vida con suavidad. Siempre están dispuestos a decir: «Gracias por hacérmelo notar».

Quienes son verdaderamente humildes llevan consigo una sensación de paz y satisfacción, y también de alegría, allá a donde van. Iluminan la vida de todos los que entran en contacto con ellos.

¿Podemos ser humildes si alguien corrige nuestros errores? ¿Qué pasa si alguien nos acusa de algo que no hemos hecho? Es muy difícil ser humilde en esas circunstancias, pero si puedes superar la reacción automática del ego, que dice «no, eso no es así, no es justo, yo no tengo la culpa de eso» y puedes dejar de echarles la culpa los demás, verás las hermosas lecciones que empiezan a surgir. Así que trágate el ego y acepta las enseñanzas de la vida.

Asume la responsabilidad de tus acciones. Todo lo que haces en la vida tiene repercusiones. Tenemos que aprender de ellas, nos guste o no. Puede ser difícil aceptar nuestros errores pero, cuando lo hacemos, recibimos la bendición de muchas experiencias maravillosas.

Este es un ejemplo de ello:

Después de la seva, metí en la bolsa mi delantal favorito. Más tarde ese mismo día, cuando fui a sacar el delantal, no lo encontré por ninguna parte. Estaba desolada. Sabía que «solo» era un delantal, pero era mi delantal favorito y lo necesitaba a toda costa para la seva.

Me pasé todo el día buscándolo desesperadamente sin encontrarlo.

Mientras todos los demás de mi grupo de seva estaban limpiando, pasando la mopa y fregando, yo me pasé todo el día de un lado para otro buscando el delantal. Cada vez que tomaba una escoba para barrer o un trapo para limpiar, rápidamente lo volvía a dejar y seguía con mi búsqueda frenética.

Un amigo se me acercó preocupado por la expresión de desesperación en mi rostro y me preguntó:

—¿Estás bien?

—No —le respondí—, no estoy bien. No puedo encontrar mi delantal favorito. Seguro que alguien lo tiene puesto. Sé que solo es un delantal de veinte céntimos y no debería estar apegada a las cosas materiales, pero no puedo evitarlo. No importa. Estoy bien. No puedo seguir hablando de esto.

Finalmente, después de darle muchas vueltas, terminé aceptando la pérdida y decidí comprar uno nuevo. De camino a la tienda me puse a pensar en todas las malas acciones que había hecho y que podían justificar ese castigo kármico. Me di cuenta de que unos días antes había sido muy grosera con una persona con la que tenía que haber sido amable.

Una de las chicas de mi grupo había tomado prestado ese mismo delantal sin saber que era mío. Cuando la vi con el delantal me volví hacia ella y le dije fríamente:

—Eso es mío. Acuérdate de devolvérmelo cuando acabes.

Me devolvió el delantal esa tarde y no hubo más incidentes del infame «robo de delantal».

Mientras me acordaba de ese episodio, me detuve y le recé a Amma: «Amma, lo siento. Sabía que esa chica estaba pasando un momento difícil y no fui muy amable con ella. Intentaré ser más amable, aunque me cueste. La próxima vez que la vea, le pediré perdón por mi comportamiento».

Y en ese momento me volví y ahí estaba mi delantal preferido, lleno de polvo y colgando suavemente sobre la repisa de cemento que tenía detrás.

Una vez alguien vino a preguntarme sobre su confusión espiritual: creía que Amma quería que fracasara. Siguió diciendo que cuando fallaba en algo le resultaba casi imposible perdonarse.

Yo le dije que Amma nunca querría que nadie fracasara. Ella está completamente de nuestro lado y desea que ganemos. Está dando su vida por guiarnos hacia la meta.

Por otra parte, también es muy importante reconocer nuestros fallos. Si siempre pensamos que somos el ganador que ha pasado todas las pruebas, nuestro ego crecerá y se hará más fuerte y nunca podremos ser humildes como un principiante.

Tenemos que recordar que en este camino siempre somos principiantes. Solo los principiantes saben cuánto les queda por aprender.

Dejamos de aprender cuando pensamos que hemos aprobado todos los exámenes y que ya lo sabemos todo. Es muy peligroso dar por hecho que ya no nos queda nada que aprender. Al ego le encanta decir: «Cierra el libro. Ya lo sé todo». Pensar así fortalece el ego y ¿en qué nos beneficia eso?

Dios es la personificación de la compasión y el perdón. Cuando cometemos un error, si lo aceptamos con la actitud correcta nos damos cuenta de que tenemos la posibilidad de aprender algo bonito de ese error. Si somos capaces de hacerlo, nos abrimos para absorber más conocimientos y experiencias. Si nos permitimos aprender, quizás algún día nos convirtamos en expertos que guían a los demás.

Piensa en alguien como Madame Curie. Ella seguía experimentando y fracasando, experimentando y fracasando, pero nunca dejó de trabajar, ni pensó: «Qué mal, otra vez me he equivocado. No pienso volver a intentarlo». Siempre seguía intentándolo, dedicando la vida a su trabajo. Al final, descubrió el radio, que ha sido tan útil para la humanidad.

Lo mismo pasa con todos los grandes científicos: nunca dejan de aprender. Thomas Edison realizó miles de experimentos que no funcionaron, pero nunca pensó que fueran fracasos. En lugar de lamentarse por los miles de experimentos que había tenido que hacer para inventar la bombilla, se dice que afirmó: «No he fracasado. Simplemente he descubierto diez mil métodos que no funcionan».

No pienses que eres un fracasado. Eso te quitará energía y te puede llevar a la depresión, de la que puede ser difícil curarse. Eres un hijo inocente de la Madre Divina. Si no pasas alguna prueba, simplemente levántate, aprende de tus errores y sigue adelante.

Si un bebé intenta caminar, se cae y piensa: «Oh, he fracasado, no voy a intentarlo de nuevo». ¿Qué pasaría?

Que el fracaso nos vuelva humildes. Aprovéchalo como experiencia positiva que nos lleva adelante en la vida, como un amigo que nos ayuda a descubrir todos los exquisitos misterios que nos están esperando. No te fijes en la parte negativa de las cosas. Aprovecha todo como un reto positivo para ayudarte a crecer. Así indudablemente podrás experimentar la belleza presente en toda la creación.

Amma pide que todos nosotros seamos capaces de encontrar nuestro camino hacia el éxito.

Nos recuerda que la creación es bella y que simplemente está ahí esperando a ser descubierta. Con la actitud correcta podremos ver el mundo como Amma lo ve. No lo dudes y no te rindas nunca. Acabarás triunfando.

Todos llegaremos a la meta. Estamos destinados a ello.

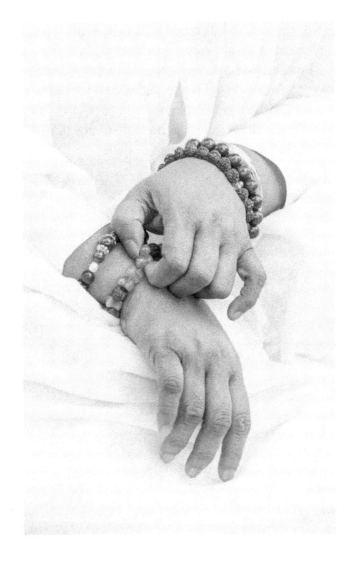

Capítulo diez

La herramienta suprema

*La tierra está repleta de cielo,
pero solo quien lo ve se descalza.*

— *Elizabeth Barrett Browning*

En teoría, todas las prácticas espirituales están diseñadas para domar los sentidos y así poder despertar la conciencia en la mente y vivir por completo en el momento presente.

Con una concentración pura y unidireccional, nuestra cualidad de conciencia refinada nos ayudará a perforar los velos de *maya* (la ilusión) que nos tiene bajo su control. Cuando la mente se vuelve pura de ese modo, descubrimos la esencia de quiénes somos de verdad y también de quiénes son todos los demás.

Hay una historia que ilustra la importancia de la conciencia para los buscadores espirituales:

En el fondo de un lago se veía un precioso collar. Muchas personas se zambulleron en el agua buscándolo, pero nadie lo pudo encontrar. Sin embargo, todos lo veían claramente desde fuera. Finalmente, un *mahatma* (gran alma) que pasaba por ahí dijo:

—Debe de estar en otro sitio. Lo que vemos es su reflejo. Debe de estar en el árbol.

Un pájaro se había sentido atraído por su brillo, lo había tomado y lo había dejado colgando en una rama del árbol.

Todo el mundo lo estaba buscando en un lugar completamente equivocado. Del mismo modo, Amma intenta mostrarnos que la verdadera fuente de la felicidad nos espera en un lugar distinto de en el que estamos buscando.

Imaginamos que practicar buenas cualidades es algo que deben hacer los demás o quizás nos decimos que empezaremos a practicar cualidades positivas en el futuro, después de un tiempo más pasándolo bien. La mente siempre intenta engañarnos, nos mantiene atados a nuestros malos hábitos. Nos olvidamos de que hay que empezar a adquirir cualidades honorables aquí y ahora mismo, en nuestras acciones cotidianas.

Podemos tardar años de práctica concienzuda en poder asimilar por completo la esencia de cualquier gran cualidad, especialmente como primera respuesta ante las situaciones difíciles. No podemos permitirnos seguir esperando antes de empezar. Si esperamos demasiado, podemos volvernos demasiado mayores para poder adquirir el hábito de una conciencia consciente.

Un día de gira por el norte de Kérala, Amma nos contó en el coche que uno de sus devotos había llamado a sus tres hijos Ámrit, Ananda y Mayí. Se reía, encantada, mientras nos lo contaba. ¡Qué gran manera de intentar conseguir conciencia! A veces tenemos que esforzarnos por entrenar la mente con ingenio antes de que nos engañe llevándonos a la negatividad.

La conciencia no solo es necesaria en la espiritualidad sino también para tener éxito en cualquier relación con el mundo.

Todo el mundo desea ir en el coche con Amma, pero no saben lo intensa que puede llegar a ser esa experiencia. Una vez, mientras íbamos en coche a Chicago en la gira de verano por Estados Unidos, llegamos a un peaje y el conductor se dio cuenta de repente de que había olvidado la cartera. No tenía nada de dinero. Le pidió dinero prestado a *Suámiji*, que no llevaba ni un céntimo, igual que yo.

El conductor tuvo que salir del coche e ir corriendo a otro coche a pedir dinero para pagar el peaje. Estaba muerto de vergüenza, pero aliviado de que Amma estuviera sentada meditando con los ojos cerrados y no hubiera visto su apuro.

Siempre hay que tener *shraddha* (conciencia), y los conductores de todos los coches deben llevar siempre suficiente dinero para pagar los peajes.

A veces les he dicho a los que están encargados de la seguridad cerca de Amma que deben ser conscientes de que tienen que cuidar a *todos* los que están a nuestro alrededor, no solo a Amma. Ellos se centran fielmente en Amma, pero la atención de Amma siempre está en todos los demás. Alguien de la multitud que se agolpa puede caerse y lesionarse si no tenemos cuidado.

Tenemos que tener una visión consciente de ciento ochenta grados a nuestro alrededor y no limitarnos a los cuarenta y cinco grados del ángulo de percepción en los que vive la mayor parte de la gente. Tenemos que aprender a ampliar nuestra conciencia para incluir a los demás y dejar de alejarnos del mundo como hacemos tan a menudo. Hay mucha gente que solo piensa en sus propias obligaciones personales y nada más que en eso.

A menudo los devotos solo se fijan en Amma. Eso es bueno, pero no hay que descuidar a todos los demás. Amma siempre está pensando en lo mejor para todos en todos los aspectos y de maneras que no podemos ni imaginar. Su conciencia y su preocupación por las necesidades de todos son completas y omnipresentes.

Si queremos progresar, tenemos que ampliar el ámbito de nuestra conciencia, llevarlo más allá de ese pequeño mundo centrado en nosotros mismos y preocuparnos por los demás.

Una devota que trabaja en Afganistán me contó una historia que ilustra claramente esta idea:

Afganistán es un país peligroso, desgarrado por la guerra. En los años que he trabajado allí me han evacuado tres veces. Sé que la única razón por la que todavía estoy viva es la gracia de Amma.

Muchas veces estuve a punto de morir, pero en el último minuto me salvaba la gracia. Te voy a poner un ejemplo.

Fue el 5 de abril de 2014. Día de elecciones. Nuestro trabajo era supervisar todos los colegios electorales.

Cuando me levanté por la mañana no me sentía cómoda con la idea de ir a ninguno de los colegios. Me di permiso para hacer caso a mi intuición. Sabía que había peligro y no quería estar en medio de una explosión.

Le dije a mi compañero que no quería ir. Él se mostró de acuerdo y dijo:

—Creo que es mejor que no vayamos.

Cuando el resto del equipo salía del hotel todos nos preguntaron por qué no queríamos ir. Me sentí un poco presionada por los demás, así que le dije a mi compañero:

—Vamos a intentarlo. Podemos ir a los colegios electorales que hay en la esquina de nuestro hotel y ver qué pasa. Si vemos algo sospechoso, siempre podemos volver corriendo al hotel.

Era sorprendente ver las filas de mujeres que habían ido a votar. Había unas trescientas cincuenta reunidas en la calle, todas juntas bajo la lluvia. Esperaban en silencio que el colegio electoral abriera para poder votar por su nuevo presidente.

Le susurré a mi compañero:

—Esto es increíble. Ni en mi país vemos nunca nada parecido.

La voluntad de estas mujeres y su compromiso con su país me impresionaron mucho.

Mi compañero fue al colegio de los hombres y yo al de las mujeres. Se estaban preparando para abrir. Una mujer se encargaba de las papeletas, otra de las urnas y la tercera de las cabinas. Volví la cabeza y me aterrorizó tanto lo que vi que inmediatamente me di la vuelta y salí corriendo.

Era una mesa electoral para mujeres. Solo podían entrar mujeres. Hasta mi guardaespaldas esperaba fuera porque era un hombre.

Lo que vi fue a una persona vestida de mujer. «Ella» tenía mi altura; y yo soy muy alta, mucho más alta que las mujeres afganas. Esa persona llevaba un pañuelo negro, tenía hombros muy anchos y peludos y unos tobillos masculinos salían de su ropa de mujer.

Le pregunté a Amma interiormente:

—¿Qué es esto?

Oí una respuesta clara:

—Ten cuidado. Es un terrorista suicida.

Tenía mucho miedo de que nos fuera a volar, pero me di cuenta de que estaba esperando a que entraran las trescientas cincuenta mujeres. Estaba segura de que algo iba a pasar. Al fin y al cabo, estaba entrenada para ello. Sabía que iba a estar en medio de la explosión. Mi vida había estado pendiente de un hilo demasiadas veces y ahora había llegado la definitiva.

Me puse a correr.

Mientras corría, seguía oyendo la voz de Amma dentro de mi cabeza diciéndome decía claramente: «Vuelve, vuelve y sonríele».

No podía creerlo. No pensaba volver. Era un suicidio. La voz se hacía más fuerte a medida que me alejaba. «¡Vuelve, vuelve y sonríele! ¡Vuelve y sonríele!».

La voz era tan fuerte y tan extraordinaria que pensé: «Vale, vale. Sé que esta voz viene de Ti, Amma. Voy a volver. Intentaré seguir tu consejo».

Volví al colegio electoral, asustadísima, como una niña pequeña. El hombre bomba todavía no estaba haciendo nada, solo esperando tranquilamente a que se llenara la habitación. Me acerqué a él tres veces, pero cada vez que lo hacía volvía a alejarme rápidamente.

Me sentía muy confusa. En un momento volvió la cabeza y le miré fijamente a los ojos. Parecía completamente desconectado del mundo. Era obvio que estaba bajo el efecto de alguna droga. Solo tenía su misión: matar gente.

Cuando le vi los ojos, quise salir corriendo de nuevo, pero me obligué a mantenerle la mirada y a sonreír... Al final él también sonrió. Después se dio la vuelta y salió de la habitación.

Aquel día me di cuenta de que me había convertido en lo que siempre había querido ser: un instrumento de lo Divino. Amma me utilizó para salvar la vida de cientos de mujeres.

Amma es una verdadera maestra espiritual. ¿Cómo lo sé? Por el modo en que se preocupa por todos nosotros. Por la forma en que siempre nos provee, la forma en que trae magia al mundo, la forma en que sana y la forma en que guía.

Sé que Amma es mi guru por la manera en que me inspira todos los días y la manera en que nos da amor a todos.

A menudo Amma nos recuerda que la conciencia es una de las cualidades más importantes en la espiritualidad. Para recibir la gracia hace falta esfuerzo y conciencia. No se puede obligar a la gente a que acepte esta verdad. Solo se les puede ofrecer sabiduría que les ayude a entender las complejidades de la vida.

La conciencia del Yo Divino interior es muy sutil y difícil de cultivar. Por eso hay que empezar cultivando la conciencia de lo exterior y eso nos llevará poco a poco hacia la conciencia interna.

Una chica me dijo que durante sus estudios oyó hablar de una cultura nativa que vivía de la pesca en el hielo. Todos los días los hombres salían y hacían pequeños agujeros en el hielo que cubría las aguas cercanas a su pueblo. Ahí se quedaban de pie, completamente inmóviles y en silencio, sosteniendo largos arpones sobre los orificios. En cuanto veían un pez o una foca lanzaban los arpones.

Hasta la menor distracción significaba que quizá no pudieran conseguir la comida de ese día. Para tener éxito los pescadores tenían que adquirir una aguda conciencia y un completo silencio interior.

El arte de la conciencia es muy sutil y, si deseamos alcanzar la Conciencia Suprema, la conciencia del Yo Divino, debemos empezar a desarrollar la conciencia exterior en todos nuestros pensamientos, palabras y acciones.

Tenemos que estar constantemente alertas para intentar reorientar el vagabundeo de la mente. Hay que dirigirla hacia algo positivo antes de que se sumerja espontáneamente en lo peor que se le pueda ocurrir.

La toma de conciencia es la herramienta definitiva para ayudarnos a reconocer y a recordar la verdad: *no somos lo que la mente nos dice que somos.*

Capítulo once

Del amor a la seva

*A veces miro hacia arriba,
sonrió y digo:
«Sé que fuiste tú, Dios.
Gracias».*

— *Desconocido*

Hay una historia tradicional sobre el Señor Vishnu y su discípulo Nárada. Nárada quería ver al devoto más grande del Señor Vishnu. Vishnu señaló hacia la ventana y dijo:

—Es aquel granjero.

Nárada miró sorprendido al granjero y decidió observarlo durante un día.

Cuando el granjero se despertaba al comienzo de cada día, pronunciaba una vez el nombre del Señor Vishnu. Después trabajaba duro todo el día, volvía por la noche y repetía una vez más el nombre divino antes de irse a la cama.

¿Cómo podía decir Vishnu que ese era su mejor discípulo?

La actitud inocente de una oración concentrada y dedicada a Dios, aunque solo conste de un par de palabras, va directa a la fuente. Es más: actuar de manera auténtica y responsable es la vía más adecuada de expresar nuestra devoción. No hace falta demasiado para abrir el corazón de Dios.

La gente corre detrás de Amma (a menudo apartando a otros a empujones), La miran y La tocan cuando pasa, pero eso no nos ayuda a crecer en la vida. La devoción fanática tiende a ponernos histéricos; pero, después de ese torrente de emociones, probablemente seguiremos enraizados en el egoísmo.

Es una triste verdad que algunos supuestos «devotos» a veces pueden llegar a ser muy malos. La devoción no nos beneficia si no la utilizamos como fuerza motriz para poner en práctica las buenas cualidades.

A menudo las personas se preguntan cómo pueden aprovechar mejor el tiempo que pasan con Amma. Yo creo que es adquiriendo una de las cualidades más importantes que un buscador espiritual puede poseer: la sinceridad. Quienes pueden cultivar esta cualidad mágica llevan una vida llena de gracia. La vida nunca es fácil, pero la sinceridad permite que la gracia fluya y nos guíe siempre que surjan obstáculos.

Cuando la gente cultiva la sinceridad, deja de pensar solo en sus pequeñas necesidades y deseos y empieza a centrarse en ayudar a los demás. Donde hay sinceridad, la gracia se manifiesta automáticamente.

Cuando aceptamos más trabajo y responsabilidad de servicio, a veces pueden aumentar el estrés y la tensión, pero a la larga nos vemos recompensados con mucha gracia. La vida siempre va a estar llena de dificultades. No hay forma de evitarlas, así que, ¿por qué no damos algo de nosotros mismos trabajando duro por una buena causa?

La gracia se revela haciendo que todas nuestras dificultades sean un poco más fáciles de sobrellevar. A medida que vaya aumentando nuestra aceptación, nuestra paz mental también crecerá.

No todo el mundo tiene la bendición de un cuerpo sano que les permita trabajar tan

intensamente como les gustaría. Pero incluso
en ese caso, cuando estamos dispuestos a ayudar
de verdad de alguna pequeña manera, empezamos a superar el egoísmo, que es la base de la
espiritualidad.

Quienes son sinceros pueden no estar siempre cerca de Amma. Quizá no tengan la voz más
bella para cantar o no tengan la suerte de poder
darle *prasad* (una ofrenda bendecida) a Amma,
pero se ocupan de la obra de Amma. A menudo
están lejos de Ella trabajando en la cocina, limpiando los baños o haciendo otras tareas.

El amor de Amma fluye copiosamente hacia
las personas que trabajan con la actitud correcta,
hacia quienes han ampliado su corazón y han
hecho un huequecito en su vida para los demás.
Hace falta tener una perspectiva madura para
olvidar nuestros propios deseos y en su lugar
dedicarnos a solucionar los problemas de los
demás.

Una de las organizadoras de los programas
europeos de Amma estaba triste porque Amma la
había reñido un poco. Cuando el evento se acercaba a su final, Amma comentó que el programa

no se había organizado correctamente. La chica respondió a la defensiva:

—Amma, los encargados del programa eran otros.

Amma no cedió:

—¿Sabes cuántas comidas se sirvieron durante el programa?

La chica tuvo que admitir que no tenía la menor idea sobre el comedor.

Amma señaló que la verdadera sinceridad consistía en conocer todos los aspectos del programa, especialmente porque se suponía que ella era una de las organizadoras. En lugar de pensar que otras personas harían las cosas por ella, debería haberse ocupado de *todos* los aspectos del programa y haberse asegurado de que se estaban llevando a cabo correctamente.

Una acción responsable y genuina es la manifestación de una devoción verdadera y profunda. Esta clase de devoción debe ser la piedra angular de nuestra relación con Amma.

En otro programa, el brahmachari encargado no llegó antes de la hora al lugar. Al contrario: llegó tarde y vino con nosotros en la camioneta de Amma. Por el camino Amma se volvió hacia él y le dijo:

—Tendrías que haber ido antes que nosotros. Deberías haberte asegurado de que todo estuviera preparado para la función. Tendrías que haberte ocupado de las comidas y haberte asegurado de que hubiera suficiente para todos.

Las palabras de Amma resultaron verdaderas. El día anterior se había acabado la comida del programa. Esa mañana la gente llegaba con hambre y las colas de la comida eran larguísimas. Amma explicó que, para demostrar su sinceridad con Amma, ese brahmachari debería haberse asegurado de que siempre hubiera suficiente comida en el programa.

Podemos pensar: «Soy el encargado de este aspecto particular del programa, de modo que mis obligaciones solo tienen que ver con esto o aquello». Pero Amma siempre le recuerda claramente a sus discípulos que esta no es la manera correcta de pensar. Asume tu responsabilidad. Comprueba que haya suficiente comida. Asegúrate de que *todo* se esté haciendo bien en *todos* los departamentos.

Sin duda, la sinceridad es una de las cualidades más valiosas que podemos tener y no es tan difícil de cultivar. Ni siquiera hay que tener una destreza especial. Basta con abrir el corazón y estar dispuesto a trabajar duro. Si puedes expresar entusiasmo y sinceridad a la vez, serás la alegría de todos los que te rodeen. Sabrán que eres la clase de persona que ayudará siempre que haga falta, lo que es algo muy poco frecuente en el mundo egoísta en el que vivimos.

La vida de Amma es el perfecto ejemplo de la sinceridad, el entusiasmo y mucho más, y es por eso que acuden a Ella buscadores de todo el mundo.

En una gira por el norte de la India de hace unos años, uno de los brahmacharis estaba barriendo el camino al final del programa. Cuando lo vi, pensé: «Qué maravilla. Me encantaría tener una escoba y hacer lo mismo», pero sabía que la gente no me dejaría hacerlo mucho tiempo. Estaba un poco celosa y no dejaba de pensar: «¡Qué estupendo es poder limpiar la calle humildemente!».

Le dije a una de las brahmachárinis lo que pensaba.

Ella reconoció:

—Ah, sí. Yo también lo vi, pero pensé: «Vaya, tengo que irme en la otra dirección. No debería estar viéndolo. No me puede ver nadie. Si no, querrán que yo también me ponga a barrer».

La gracia nos llega dependiendo de la actitud de nuestra mente. Es triste que la primera respuesta de la mayor parte de las personas, cuando les ofrecen la posibilidad de hacer una buena acción, sea: «Oh, no. Tengo que irme corriendo en la otra dirección. Si no, puede que tenga que ponerme a hacerlo. No me apetece hacerlo, especialmente si Amma no está mirando».

Al día siguiente, mientras viajábamos, tuve la oportunidad de hablarle a Amma sobre el brahmachari que estaba barriendo. Estaba orgullosísima de contárselo. Esperé con impaciencia el momento perfecto.

—Amma —le dije—, ¿sabes lo que estaba haciendo este brahmachari?

Quería decir algo bueno sobre alguien y estaba emocionada de poder elogiar a alguien.

Amma me respondió:

—Sí, lo sé. Siempre hace cosas como esa.

Amma sabía que era una persona sincera. Sabía que podía confiar en que él supervisaría todos los detalles del trabajo que hiciera para Ella. No era nada nuevo en él.

Pocos años después, mientras estaba escribiendo este libro, encontré esta historia entre mis archivos y se reavivó mi deseo de barrer. Al día siguiente, mientras estábamos en Mangalore en una gira por el sur de la India, Amma fue al escenario para servir la cena a todos los devotos que se habían reunido.

Me di cuenta de que los devotos que habían preparado el camino de Amma (con una alfombra roja y muchos adornos de fantasía en la entrada del edificio) habían situado el recorrido de tal manera que llevaba hacia unas escaleras muy empinadas. En el otro lado del edificio las escaleras eran mucho menos empinadas.

Le pregunté a un hombre si tenía gente para cambiar el recorrido. Me dijo que lo haría, pero como lo estaba dejando para el último minuto decidí cambiarlo yo misma. Encontré a alguien que me ayudara y juntos movimos todas las alfombras y reorientamos el camino hacia las escaleras más bajas y menos empinadas.

Después había arena sobre las alfombras. Cuando todos los devotos se fueron a cenar con Amma, me puse a barrer, ya que no había nadie que me lo impidiera.

No podía evitar sonreír mientras barría. Menos de veinticuatro horas después de haber vuelto a leer la historia del brahmachari que barría, Amma había cumplido mi deseo de barrer. Amma nunca nos abandona. Cumple todos nuestros deseos de una u otra manera, en el momento adecuado.

Para que nuestra relación con Amma sea genuina y sincera, tenemos que canalizar nuestra devoción hacia todas nuestras acciones: eso es verdadera espiritualidad. Hay cosas que tendemos a incluir en una categoría limitada y las llamamos «espirituales»: repetición de mantras, meditación e incluso llevar ropa de aspecto espiritual y ponernos marcas en la frente. Todo eso no sirve para nada si no somos sinceros.

¡Qué afortunados somos cuando se nos ofrece la oportunidad de ser «espirituales» en el más genuino sentido de la palabra haciendo algo bondadoso e inesperado por los demás! Indudablemente, en esos momentos Dios nos está mirando y sonríe. Subestimamos el valor de los gestos sencillos de bondad. Esos momentos pueden no parecer tan espirituales, pero en realidad son la forma más elevada de espiritualidad.

Amma dice que la ética laboral y la actitud de asumir responsabilidad es lo que realmente muestra nuestra sinceridad.

Es importante seguir intentando continuamente hacer cosas buenas, aunque no nos apetezca. Estamos acostumbrados la mayor parte del tiempo a hacer lo que nos dictan los deseos, lo que se traduce en tomar constantemente cosas de los demás. En lugar de eso, tenemos que aprender a dar y tratar de parecernos más a Amma.

Hay que esforzarse por cultivar hábitos nuevos, positivos, mientras podamos, antes de que sea demasiado tarde. La vida cambia muy rápido y nosotros tardamos mucho en cambiar. Crear buenos hábitos es difícil y lleva mucho tiempo, pero merece la pena.

Los buenos hábitos nos dan la fuerza necesaria para seguir viajando hacia la comprensión de nuestra verdadera naturaleza y de por qué estamos aquí en esta tierra. No es solo para vivir y morir como individuos limitados.

Si somos sinceros en nuestra vida y tenemos fe en Amma como guía, todas las carencias que tengamos serán compensadas por la gracia divina.

Una devota pedía todos los días poder caminar sola por la playa con Amma. Recorría toda la playa arriba y abajo andando y recitando el *árchana* (oraciones), visualizándose todo el tiempo de la mano de Amma.

Una noche, mientras caminaba por la playa con otra chica, Amma llegó a la playa… *sola*. La otra chica fue corriendo al áshram a decirles a todos que Amma estaba afuera, y esta chica consiguió caminar por la playa un buen rato con Amma, de la mano y charlando.

Amma es un flujo de amor. Siempre nos da más de lo que podemos incluso soñar. En última instancia, necesitamos la gracia del guru para alcanzar la meta, ya que no vamos a ser capaces de lograrlo con ninguna cantidad de concentración que tengamos a nuestra disposición. Esa es la razón por la que hay que cultivar la sinceridad y una verdadera devoción por el guru.

El camino para volverse una persona verdaderamente compasiva y desinteresada es lento, pero la presencia de Amma es una bendición muy profunda que nos recuerda quién podemos llegar a ser.

Capítulo doce

El remedio divino

Solo una vida de servicio merece la pena.

— Albert Einstein

El servicio desinteresado es la práctica espiritual más fácil y más gozosa. Es la forma más eficaz de purificar los continuos pensamientos de nuestra inquieta y agitada mente.

No es demasiado difícil sintonizarse con la voluntad divina. Solo es cuestión de ser práctico y ver claramente lo que hay que hacer. Después podemos seguir adelante y hacer lo que haya que hacer con una actitud desinteresada. Por nuestra cuenta podemos fracasar, pero aliados con Amma pueden pasar milagros.

Llevaba días notando lo sucias que estaban todas las sillas que había delante del *kálari* (templo). Había unas cincuenta sillas y no quería molestar a nadie para que las limpiara. Quería limpiarlas yo sola.

Hablé con el *pujari* (sacerdote) del kálari y le dije que teníamos que hacer algo para mejorar el aspecto de las sillas. Él propuso que comprásemos sillas nuevas, pero yo sabía que debíamos ser capaces de limpiarlas.

Planifiqué mi estrategia. Busqué en internet e investigué la mejor forma de limpiar sillas de plástico. Aparecieron varios vídeos, mostrando cada uno un método distinto para limpiar las sillas.

En el primer vídeo se utilizaba pulverizadores de agua de mucha presión, pero sabía que no podíamos gastar la cantidad de agua que requería ese método. Pintarlas de nuevo con un spray era la segunda opción, pero el mejor método consistía en utilizar un montón de lejía, cepillarlas bien y enjuagarlas. Me di cuenta de que esa era mi única posibilidad, aunque sin utilizar tanta lejía, ya que no es buena para el medio ambiente.

Finalmente puse manos a la obra. Encontré un estropajo y llevé una botella de lejía al montón de sillas. Empecé con una silla. La restregué delicadamente durante un minuto (algunas personas que pasaban se me quedaban mirando y no quería que pensaran que necesitaba ayuda) y no se quitó ninguna de las manchas. Así que llevé la silla a mi oficina para poder trabajar bien, sin que me vieran.

Mi objetivo era limpiar las cuarenta o cincuenta sillas yo sola. Pero al cabo de un rato, aunque no quería, me tuve que rendir. A pesar de mis esfuerzos, a la primera silla no se le quitaban las manchas. Desanimada, devolví la silla al montón de las sucias pensando que había fracasado. Pero justo al día siguiente, Amma respondió mis oraciones organizando una gran fiesta de limpieza de sillas.

Un residente del áshram cuenta la historia así:

Durante el *Ónam* (una fiesta muy querida de Kérala) y durante todas las vacaciones de agosto y septiembre, llegan muchos visitantes al áshram para celebrarlas con Amma. Todos los años el áshram saca para las fiestas miles de sillas que están almacenadas. La gestión, organización y limpieza de esas sillas es parte de mi seva.

Una tarde me di cuenta de que las pilas de sillas nuevas estaban mucho más limpias que las viejas. En aquella época había otro compañero haciendo seva conmigo y decidimos sacar todas las sillas viejas y sucias y ponerlas al fondo del auditorio. Después sacamos todas las sillas con buen aspecto y las colocamos para que todas las sillas del comedor estuvieran bien.

Después, fui a mi habitación y me puse a leer algunas de mis notas de satsangs anteriores de Amma. Unos meses antes, Amma nos había contado la siguiente historia:

Una vez hubo un maestro que pidió a sus discípulos que fueran a buscar una determinada fruta de un jardín en particular. Cuando los discípulos llegaron al jardín vieron una roca gigante que bloqueaba la entrada. Desistieron y volvieron con el maestro para decirle que era una tarea imposible.

El maestro se dio cuenta de que faltaba uno de los discípulos. Preguntó a los demás dónde estaba el chico. Ninguno lo sabía, así que el maestro decidió ir a buscarlo.

El maestro encontró al discípulo en la entrada del jardín, intentando mover la roca con todas sus fuerzas. El maestro le preguntó:

—¿Qué haces?

—Estoy empujando la roca para poder entrar y recolectar la fruta —contestó el discípulo.

—¿De verdad crees que vas a poder? —preguntó el maestro.

—Maestro, —respondió el discípulo— sé que es imposible, pero mi deber es intentarlo porque tú lo has dicho. Solo tu gracia puede hacer que suceda.

La actitud de entrega del discípulo conmovió tanto al maestro que puso una mano sobre la roca y la partió por la mitad.

El interior de la roca estaba lleno de piedras preciosas y diamantes.

La mañana en que habíamos cambiado todas las sillas más sucias, Amma atravesó el auditorio para dirigir la meditación de los residentes del áshram y servirles a todos un almuerzo de prasad. De repente, se detuvo y señaló las sillas. Habló con las personas que La rodeaban dando mucha importancia a lo que veía. Unos instantes después, fue a dirigir la meditación.

Esa tarde, mientras Amma estaba dando darshan, llamó a un devoto y le dijo que había que limpiar todas las sillas. Le dijo que agarrara una silla de color rosa que estaba especialmente sucia, con toda clase de manchas grises, y la limpiara. Las manchas parecían una decoloración química que llevaba ahí varios años. Parecía una silla irremediablemente sucia.

Agarró la silla y, con otro devoto, la limpió delante de la casa de Amma. La limpiaron hasta que quedó como nueva.

Ignorando eso, bajé al comedor un poco más tarde para, como siempre, colocar las sillas para los bhajans y la cena. Cuando Amma ha servido el almuerzo las sillas están completamente desordenadas. Mi trabajo es volver a ordenarlas esmeradamente.

La supervisora me informó de que Amma había dicho que teníamos que limpiar todas las sillas hasta dejarlas como nuevas. Me señaló las manchas grises que se esperaba yo limpiara.

Le respondí:

—No, eso es completamente imposible. Esa mancha es química. No se puede quitar.

La supervisora no estaba de acuerdo:

—Ya han limpiado una silla así esta tarde. ¡Mírala!

Así que fui a la casa de Amma y vi una brillante silla rosa reluciendo a la luz de la puesta de sol.

Agarré un cepillo de metal y suspiré. Supongo que las manchas grises se pueden quitar. No lo sabía, y eso que llevaba dos años como encargado de la limpieza de las sillas.

Una pequeña parte de mi mente estaba muy nerviosa. Por ella se deslizaba este pensamiento: «Amma debe de odiarme.

¿Cómo puede querer que limpie todas y cada una de las sillas?» Respiré hondo y acallé esa voz interior.

Me dije: «Estoy aquí para servir al mundo. Debo intentar hacer lo que Amma dice». Decidí intentar limpiar una silla.

No dejaba de comparar mi silla con la reluciente silla rosa que ya estaba limpia: las patas, la parte de afuera, la de adentro. Tuve que comprobarlo tres veces hasta estar seguro de haber limpiado cada milímetro de la silla.

Unas pocas personas me vieron y me preguntaron qué diantres estaba haciendo. A una chica en particular le llamó mucho la atención que estuviera limpiando las sillas. Le expliqué que Amma había pedido que se limpiaran todas las sillas hasta dejarlas como nuevas.

La chica miró a su alrededor con asombro:

—¿Todas las sillas? —preguntó— Hay miles. ¿Son tu responsabilidad?

Le dije que, como estaba a cargo del comedor, me parecía que gran parte de esa responsabilidad era mía. Pero también le dije que no creía que yo solo pudiera hacer todo el trabajo. Pensaba que la única forma de limpiarlas todas sería que cada persona del áshram limpiara una silla. Mientras tanto, yo iría haciendo lo que pudiera.

Esa noche Amma vino a los bhajans. Después de la primera o la segunda canción, habló un buen rato sobre las sillas. Amma les dijo a todos que estaba cansada de ver todas esas sillas sucias.

Normalmente, Amma ve lo bueno en todo, pero también es la jardinera, y la jardinera ve la suciedad. Dijo:

—Traed aceite de jabón rosa[3] y corteza de coco. Cada persona del áshram debe limpiar una silla.

---

[3] El aceite de jabón rosa de Ámritapuri se produce en el campus universitario de Éttimadai, en Coimbatore. Lo diseñó un químico de Mumbai para que fuera menos dañino para el medio ambiente que los jabones comerciales de la India.

Debía de tenerlo preparado, porque todos los suministros estaban listos en la parte posterior del auditorio.

Pregunté si podía poner una presentación de PowerPoint en la pantalla para que todos los que no hablaran *malayálam* (la lengua materna de Amma) supieran también qué hacer.

Después de los bhajans, vi un montón de personas reunidas alrededor de los artículos de limpieza. Pensé: «Caramba, ya están todos limpiando. No van a cenar para ponerse a limpiar ya».

Fui a comprobarlo y, ¿a quién me encontré? A la misma Amma dando una silla a cada residente del áshram. Antes, ese mismo día, había repartido el almuerzo y ahora estaba repartiendo las sillas a todos. La verdad es que al principio todos estábamos entusiasmados porque Amma estaba con nosotros.

No sé cómo, terminé al lado de Amma mientras repartía las sillas. Estuve con Ella un rato, mirando cómo hacía seva. Era lo más extraño que me había

pasado en la vida. Llevaba dos años api-
lando y organizando esas sillas.

Era como si Amma apareciera en mi
habitación y se pusiera a limpiar.

Era increíble observarla. Era como
si se encontrara en un estado alterado.
Repartía las sillas rápida y eficazmente,
agarrando cada silla con un único dedo.
Le gritaba a cualquiera que estuviera allí
de pie limitándose a mirarla y sin limpiar. Repartía las sillas sucias y las sillas
limpias, todas y cada una de las sillas.
Había que limpiar cada silla hasta que
pareciera nueva.

Me parecía que era algo muy simbó-
lico del camino espiritual y del áshram
de Amma. Seamos espiritualmente aptos
o estemos llenos de tendencias negativas
imposibles, Amma nos va a limpiar a
todos y nos va a dejar como nuevos.

Entonces Amma se puso a limpiar
sillas. Encontró una que estaba sucísi-
ma y se puso a frotarla con cáscara de
coco. Unos minutos más tarde, empezó
a utilizar un cepillo de metal para quitar

algunas de las manchas más grises, las que yo había estado seguro de que no se podían eliminar. Nos enseñó a hacerlo también a los que estábamos cerca de Ella. De ese modo, pudimos eliminar esas manchas profundas y oscuras.

Y de repente, había acabado. Se puso a jugar con los niños que estaban allí. Parecía una niñita relajada. Finalmente, volvió a su cuarto e hizo chai para todos. Los brahmacharis lo repartieron junto con banana chips].

Fue lo más impresionante que me había pasado nunca. Era como si todos los ángeles y devas hubieran bajado del cielo para unirse a nosotros en nuestra seva. Todos cantábamos y bailábamos mientras limpiábamos.

La gente tocaba instrumentos, trabajaba junta y se apoyaban unos a otros de una forma preciosa. Algunos regaban las sillas con la manguera, otros repartían los artículos de limpieza y el resto frotaba. Fue una gozada. Fue como una gran fiesta de limpieza de sillas.

Era como si estuviera viviendo en una de las historias de *¡Despertad hijos!*, o quizás en una película de Walt Disney.

Una joven se arañó la mano con el estropajo, pero se negó a irse a casa. Otra niña le decía a su madre:

—¡No quiero irme a dormir!

Había tanta energía, que muchos de nosotros nos quedamos hasta después de las tres de la madrugada, limpiando todas las sillas que pudimos encontrar en los lugares más recónditos del áshram. Sin duda, es lo más divertido que he vivido en el áshram.

No pudimos conseguir todas las sillas. Todavía queda trabajo, pero un trabajo imposible de hacer en un año se terminó en una sola noche por la gracia de una Maestra Perfecta.

Para limpiar las distintas clases de manchas utilizamos distintas herramientas y técnicas. Del mismo modo, el maestro espiritual nos da diferentes herramientas para limpiar la suciedad de nuestra mente: bhajans, seva, meditación y japa. Algunas de estas técnicas hay que hacerlas a diario, pero de vez en cuando, en ocasiones especiales, Amma utiliza el «cepillo de metal» para limpiarnos realmente la mente.

En este caso, utilizó sillas.

Me sorprendió que Amma cumpliera mi deseo de limpiar las sillas de la manera más práctica, trabajando todos juntos. Aunque me había esforzado por encontrar el método de limpieza más eficaz, la Internet no menciona ese superpoder de limpieza del aceite de jabón rosa y la cáscara de coco, que son mucho más fuertes que la lejía y menos dañinos para el medio ambiente.

Nosotros solos no podemos conseguir tanto, pero cuando trabajamos en equipo con Amma sin duda suceden milagros.

Cuando ayudamos a los demás y nos olvidamos de nosotros mismos sin esperar nada a cambio, nos convertimos en un instrumento perfecto para recibir la gracia divina.

Capítulo trece

El loto se despliega

*Si no podemos pensar solo en los demás
durante un día,
hagámoslo durante medio día.
Si no podemos pensar solo en los demás
durante medio día,
hagámoslo durante dos horas.
Si no podemos durante dos horas,
entonces durante una hora.
Si ni siquiera una hora,
durante un minuto.*

— Taitetsu Unno

A Amma le hacen muchas preguntas sobre la gracia. Sabemos que la necesitamos desesperadamente si queremos que nuestra vida sea agradable y exitosa. Pero la cuestión sigue siendo siempre: ¿Qué podemos hacer exactamente para recibir la gracia?

Amma responde que la gracia solo fluye hacia nosotros si mantenemos abiertas las puertas del corazón. ¿Para qué sirve quedarse sentado en una habitación cerrada y quejarse de que no hay ni sol ni ventilación? Tenemos que abrir las ventanas para poder disfrutar de la luz y el aire. Pero, ¿cómo abrimos la ventana del corazón?

La respuesta de Amma es clara: «El esfuerzo es muy importante para abrir el corazón. Cuando viajas a algún sitio con Amma, no se trata de un viaje de placer sino de una peregrinación» (aunque las peregrinaciones con Amma sean también el placer más grande).

Amma narra la siguiente historia para explicarnos cómo funciona el esfuerzo: «Un maestro quería ayudar a un estudiante que se solía quedar dormido en clase. Le pidió que levantara una piedra de ocho kilos cada vez que tuviera sueño. Con el tiempo el alumno superó su somnolencia. Estaba alerta en la escuela y empezó a sacar buenas notas».

Nuestro viaje con Amma es muy parecido. La gente de todo el mundo puede pensar que los que viajamos con Amma llevamos siempre una vida muy fácil y llena de lujo. Eso a menudo está muy lejos de la realidad e incluso da risa. Más bien ocurre lo contrario: con frecuencia nos enfrentamos a retos inesperados y tenemos que solucionar situaciones difíciles.

El mero hecho de ir caminando con Amma en medio de las multitudes puede ser peligroso. Siempre tenemos que estar muy alertas. A menudo, a Amma la acompaña la policía o un amplio personal de seguridad cuyas órdenes son proteger a Amma; pero yo soy invisible para ellos, o peor aún, me perciben como una amenaza que está demasiado cerca de Ella. Muchas veces la policía estira los brazos para impedirme acercarme a Amma, y yo tengo que luchar para pasar la barrera y poder hacer mi trabajo y permanecer cerca de Ella.

Montones de personas tienden las manos para intentar tocar a Amma y pueden acabar arañándome la cara o los brazos sin querer, y eso solo en los cinco minutos de camino hacia el escenario. Pero yo me voy volviendo más fuerte y un poco más sabia aprendiendo a maniobrar entre las multitudes.

Sin duda no es fácil estar con Amma, pero está claro que es la mayor bendición que hay en el mundo.

Durante años frecuentemente he oído a Amma animar a los alumnos a estudiar intensamente. Pedimos gracia, pero también nosotros tenemos que poner de nuestra parte estudiando todo lo que podamos. No podemos salir adelante solo sobre las alas de la gracia.

La gracia solo se consigue con esfuerzo. Cuando Amma habla de la corriente de gracia que llega a la vida, siempre la asocia al esfuerzo. Van de la mano: primero el esfuerzo, *después* la gracia.

Cuando trabajamos con intensidad, nos beneficiamos de maneras muy diferentes. Aunque no consigamos todo lo que esperamos y soñamos mediante nuestros esfuerzos, podremos darnos cuenta de que la salud mejora con el ejercicio que hacemos al trabajar y la mente sin duda se expande. La seva nos permite penetrar más profundamente en nosotros mismos y revelar el potencial oculto.

Sin esforzarnos, seguiremos siendo siempre del montón y mediocres. Todos somos culpables de esto. Nadie hace realmente todo lo que puede… nadie excepto Amma.

Amma nos inspira a llegar mucho más alto de lo que nunca habríamos imaginado. Nos contentamos con permanecer atados a la tierra, pero Ella alimenta suave y muy dulcemente un fuego debajo de nuestros pies y aviva esa llama hasta que empezamos a elevarnos hacia las estrellas, hacia el infinito… hacia la Divinidad.

Cuando unos terremotos devastadores afectaron Nepal en 2015, recibí un email de un devoto que estaba allí haciendo senderismo. Cuando vi de dónde venía el correo, me alarmé pensando que tenía problemas y necesitaba ayuda.

En cambio, me decía que quería ayudar a las personas afectadas por el desastre. Decía que allí habían otros devotos de Amma y que todos querían ayudar todo lo que pudieran.

En lugar de intentar huir de la zona peligrosa para salvarse, los devotos querían arriesgar la vida para ayudar a los que lo necesitaran. Pensaban que era el entrenamiento de Amma lo que les permitía encontrar el valor necesario y las destrezas necesarias para servir en medio del desastre.

Sus acciones solo son un ejemplo de la belleza que Amma es capaz de despertar en nosotros, el deseo de salir de nuestros pequeños seres y tener en cuenta las necesidades de los demás, en lugar de solo pensar todo el tiempo en nuestros problemas personales.

Algo bueno hemos debido de hacer para tener la gracia de estar con Amma, pero no tenemos que intentar vivir solo de nuestros ahorros espirituales. Hay que seguir haciendo el bien mientras podamos. De lo contrario nuestra gracia puede agotarse. Sigue ingresando depósitos positivos en la cuenta bancaria del buen karma.

Si trabajas duro con la actitud correcta, olvidándote de ti mismo y esforzándote por hacer lo que debes en el momento adecuado, seguro que la gracia te encuentra. Tendrás el éxito que deseas y al final llegarás a tu meta… pero eso requiere mucho trabajo duro.

Una historia para ilustrar esta idea:

Mi hijo nació con el mayor nivel de retraso. Toda mi vida está dedicada a él. Siempre le hago comida sáttvica (pura) y lleva la dieta especializadísima que le recomiendan sus médicos. Hacemos sus

ejercicios todos los días y le estoy enseñando poco a poco el árchana.

Todos los días tengo que tener mucho
cuidado. Le dan ataques y pierde el conocimiento, y a menudo lo tengo que llevar
al hospital, a veces en mitad de la noche.
Si deja de respirar, tengo que ponerle res-
piración asistida.

Ha cambiado mucho en los últimos diez años. Cuando era bebé, no se
podía mover o pensar en absoluto, era
muy agresivo, siempre dando patadas,
mordiendo y rechazando todo. Me ha
costado mucho trabajo, pero ahora es un
niño tranquilo, dulce y amoroso.

Cuando vine a ver a Amma al áshram
por primera vez, lo que más deseaba era
vivir con Ella. Le pregunté si podíamos
irnos a vivir a Ámritapuri. Accedió inmediatamente.

Cuando me informaron en la oficina
de que todos los residentes tenían que
intentar hacer ocho horas diarias de seva,
les respondía:

—No se preocupe, yo hago veinticuatro.

Cuando expiró el visado, volví a mi país porque sabía que tenía que conseguir un visado de residente de larga duración. El problema era que en mi país había problemas políticos y era imposible conseguir un visado de larga duración para la India. De todas formas, decidí intentarlo.

Los papeles que di a la embajada eran los correctos y estaban completos, pero la foto de mi hijo no era bastante buena para los funcionarios. Me dijeron que tenía que llevarles otra.

La foto estaba bien, estaba suficientemente nítida, pero no les gustaba que tuviera la boca abierta.

—¡No puede cerrarla! —protesté—. Es un niño con necesidades especiales. Yo puedo cerrársela, pero no se queda cerrada sin ayuda.

Mientras intentaba pensar cómo arreglarlo, mi hijo se puso muy enfermo. Lo llevé rápidamente al hospital y lo ingresaron inmediatamente en la UCI.

Había tenido muchísimos obstáculos en el camino, y ahora mi hijo estaba de nuevo en la UCI y no había manera de conseguir un visado para volver a India. Intenté no desesperarme.

Me despertaba todos los días a las tres de la mañana para ir a casa y hacerle la comida, ya que el hospital no podía adaptarse a su dieta. El resto del tiempo me sentaba al lado de su cama y le cantaba el árchana. Noche y día servía a mi hijo sin cesar.

Cuando tenía dudas o ansiedad, me concentraba en los nombres divinos y los miedos desaparecían. Podía oír en mi mente la risa de Amma, que dispersaba a todos los demonios, y me reía con Ella.

Trataba de ver a todas las personas como personificaciones de lo Divino. Para no enfadarme, intentaba adorar mentalmente a todo el mundo: al hospital, al hombre que no nos daba el visado y a todos los obstáculos.

Mientras estaba sentada durante todas esas largas horas en el hospital, a menudo reflexionaba sobre Amma y le pedía: «Por favor, Amma, por favor, permíteme adorar a todos como sé que Tú lo haces».

Entonces, sin hacer nada más, todos los obstáculos desaparecieron.

De repente, mi hijo mejoró. Fue algo completamente inesperado y pareció un milagro. Mejoró tanto que los médicos nos permitieron salir del hospital durante una hora. Le llevé directamente al fotógrafo para sacar una foto nueva.

Cuando llevé la nueva foto a la embajada de la India, y aunque en la foto mi hijo seguía con la boca abierta, la aceptaron.

La embajada volvió a revisar todos mis papeles y encontraron uno que no estaba firmado. Pero yo no podía hacer nada, la administración de mi país se negaba a firmarlo.

Una mujer de la administración fue sumamente compasiva. No me conocía, pero se enfadó por lo que me estaban haciendo. Exclamó:

—La embajada de la India está obstruyendo su camino. ¡Es una locura!

Tomó el teléfono y llamo a la embajada. Era mi defensora. Les dijo:

—Están pidiendo algo que es ilegal en nuestro país. Usted sabe que no podemos firmar esto.

Ellos respondieron:

—Necesitamos ese documento o no habrá visado.

—¡Pero eso es imposible! —gritó ella— Están bloqueando a sus clientes. ¿No le pueden dar simplemente la autorización?

Le colgaron.

Cuando mi hijo mejoró completamente, volví a la embajada, llevándolo conmigo esta vez. El hombre que se había empeñado en obstruirnos el viaje a la India, lo miró una vez y firmó la petición. Recibimos nuestro visado de larga duración.

Me parecía que Amma se estaba riendo alegremente de la situación. Sé que no hice demasiado para merecer su gracia. Ella concede su gracia muy fácilmente.

A veces la gente piensa que la gracia de Dios va a derramarse sobre ellos y eliminar todos los obstáculos solo con pedirlo, pero me gustaría recordarles las palabras de Amma: «La gracia de Dios son las buenas acciones que has realizado. Nada más». La gracia llega porque hemos hecho algo bueno.

Francamente, en la vida tenemos pocas posibilidades de elección. Es un poco decepcionante, ¿no? A la mayor parte de las personas les desagrada oír que tenemos tan poca libertad.

La única elección que realmente tenemos es si hacer o no algo bueno ahora. Si elegimos hacer algo bueno, se manifestará como gracia en el futuro.

Nos gusta pensar que somos los dueños de nuestro destino, pero, de hecho, todo lo que hemos hecho en el pasado acabará produciendo sus resultados kármicos algún día. Tenemos que aceptar los resultados de nuestro pasado aquí y ahora. Patalear y gritar no va a asustar a nuestro destino kármico, creamos lo que creamos.

La tercera ley del movimiento de Newton dice todas las acciones tienen una reacción igual y opuesta, lo que es tan cierto en la espiritualidad como en la física.

Si podemos convencernos de elegir un camino positivo en lugar de uno negativo, eso irá borrando lentamente los malos hábitos que hemos adquirido en el pasado y reduciendo el karma negativo que nos habría tocado experimentar.

Esforcémonos por adquirir hábitos constructivos. Todo lo que hacemos ahora, todos los patrones que estamos desarrollando, están configurando nuestro futuro. Podemos hacer que nuestro futuro brille, si hacemos algo maravilloso en este momento. Hasta ahí tenemos elección.

Hagamos algo increíblemente sencillo, pero magníficamente hermoso… por algún otro ser.

Capítulo catorce

Un milagro imposible

—Las desgracias pueden provocar crecimiento e
Iluminación
—dijo el maestro. Y lo explicó así:
—Todos los días un pájaro se resguardaba en
las ramas marchitas de un árbol que estaba
en medio de una inmensa llanura desierta.
Un día un tornado se llevó el árbol,
obligando al pobre pájaro a volar
cien kilómetros en busca de refugio,
hasta que llegó a un bosque
de árboles cargados de fruta.
Y concluyó:
—Si el árbol marchito hubiera sobrevivido,
nada habría podido persuadir al pájaro
a renunciar a su seguridad e irse volando.

– Una meditación de Anthony de Mello S. J.

Amma dice que un *sádguru* (maestro perfecto) puede librarnos de parte del karma que nos corresponde, pero no necesariamente de *todo*. La gracia del guru puede cambiar nuestro destino hasta cierto punto, pero eliminar todo nuestro karma no es la forma de actuar de Amma. ¿Por qué ha de ir Amma en contra de la voluntad divina?

Amma sabe que todo lo que hay en la creación funciona perfectamente y que hay que experimentar el ciclo del karma. Es nuestro proceso de aprendizaje. En última instancia, el ciclo divino fluye perfectamente.

Cada acción que realizamos en la vida tiene que dar fruto. Los resultados de nuestro karma tienen que volver a nosotros. Su finalidad es ayudarnos a crecer. Es realmente asombroso: hasta cuando realizamos acciones negativas, que tienen que regresar a nosotros, lo Divino siempre nos las devuelve de la manera que inspire el mayor crecimiento en nosotros.

A menudo, las dificultades y sufrimientos que tanto intentamos evitar son los que realmente nos llevan a la espiritualidad y, en última instancia, a una sensación más profunda de paz.

Un devoto nos cuenta una inspiradora historia que trata sobre esto:

Cuando nací, los médicos le dijeron a mi madre que no había ninguna esperanza. Tenía un tumor cerebral.

Mi madre sabía que algo iba mal desde las primeras etapas de su embarazo. Llevaba meses sumamente enferma y en la cama, pero nadie sabía por qué.

En las primeras horas después de mi nacimiento, mis padres consultaron un médico tras otro, buscando a alguno que les pudiera dar alguna esperanza. Al final, encontraron a uno que accedió a realizar la operación. Yo solo tenía tres días.

Volamos al hospital de especialidades más cercano. Varias veces durante la operación estuve a punto de morir. Mi corazón dejó de latir. Era un milagro imposible, pero por algún motivo sobreviví.

En mi infancia estaba a menudo débil y enfermo, pero hasta los ocho años no tuve mi primera crisis de epilepsia mayor. Sentí que salía de mi cuerpo y, de repente, «yo» estaba ausente. Perdí la conciencia durante horas. Unos meses más tarde me volvió a suceder.

El médico me explicó que, cuando era un bebé, probablemente algunas partes de mi cerebro habían quedado afectadas por la operación. Creía que esa era la causa de los ataques.

Me recetaron medicamentos fuertes que me volvieron lento y olvidadizo. A menudo tenía que faltar al colegio porque estaba demasiado débil. Lo peor era el miedo. Aunque solo era un niño, ya había experimentado algo muy cercano a la muerte. Sabía que podía pasar de nuevo, inesperadamente, en cualquier momento.

En mi alma surgió una profunda pregunta: quería saber dónde había ido «yo» mientras estaba inconsciente. Sabía que no había estado en mi cuerpo, pero no tenía ni idea adónde me había ido.

Mis padres me llevaron a una psicóloga por si podía aliviar algo de mi ansiedad. Me aconsejó que aprendiera a meditar.

Me crie en una familia que nunca tuvo ningún interés especial por la espiritualidad, pero cuando empecé a sufrir los ataques me vi obligado a entrar en un camino de práctica espiritual.

Al principio no era el amor lo que me impulsaba, sino el miedo y un deseo abrumador de entender. El sufrimiento me llevó al camino espiritual. De este dolor nació un verdadero anhelo por Dios.

Tenía catorce años cuando empecé a ansiar un maestro espiritual. Me gustaban las meditaciones que estaba haciendo, pero sabía que necesitaba a alguien que me pudiera enseñar directamente. Amma tenía un áshram cerca de la casa de mis padres y, aunque nunca habíamos estado allí, le pedí a mi padre que me llevara. Amma estaba entonces en la India, así que compramos su biografía para conocerla mejor.

Me enamoré.

Leí la biografía una y otra vez. Mientras mis amigos iban de copas, yo me quedaba en casa leyendo, recitando y meditando.

A veces mi mejor amigo me llamaba y me decía:

—Por favor, ven con nosotros. No tienes que beber… me gustaría que simplemente vinieras con nosotros. Sin ti las fiestas no son nada divertidas.

Pero nuestros caminos se separaban. Le colgaba el teléfono y volvía a la *sádhana* (prácticas espirituales).

Cuando cumplí dieciocho años y mis padres me preguntaron qué quería de regalo, les pedí un billete de avión de ida a la India. Me compraron uno de ida y vuelta. El día que llegué a Ámritapuri se cumplían dieciocho años de la operación que me había salvado la vida. Entonces me di cuenta de que la presencia sutil de Amma había estado conmigo desde el principio.

Cuando volví a Europa, después de pasar tres meses en Ámritapuri, mi vida cambió. Inmediatamente me trasladé al áshram más cercano. Aún estaba demasiado enfermo como para tener un trabajo fijo, pero podía hacer seva. Me dediqué a ello por completo.

Después de conocer a Amma, pensé que debería ser capaz de hacer todo lo que Ella le aconseja a cualquier persona sana que haga durante su práctica espiritual. Ayunaba una vez por semana, dormía solo cinco horas diarias y me trabajaba el cuerpo al máximo.

Todavía me daban muchos pequeños ataques, además de un dolor de estómago fuerte y constante por la medicación que me estaba manteniendo vivo.

Empecé a empeorar más y más. Cuando Amma vino a nuestra ciudad, Le hablé de ello. Estaba preocupada.

—¿Ayuno? —me preguntó— Estás tomando medicamentos. ¡No puedes ayunar! Tienes que tomar tres comidas al día, y las tienes que tomar siempre en el momento adecuado.

Esa fue la primera de una serie de lecciones muy profundas.

Yo no quería ser una carga para nadie. Solo quería hacer mi seva como todos los demás. El problema era que cuando intentaba hacer mucha seva mi cuerpo no lo toleraba. Me ponía a vomitar sin cesar o enfermaba tanto que no podía levantarme de la cama durante semanas.

Tuve otra crisis de epilepsia mayor. Ahora entiendo a lo que la gente se refiere cuando dice que «vio pasar su vida ante sus ojos». Cuando perdí la conciencia, vi pasar mi vida y sentí que mi «yo» se alejaba. Por primera vez estaba completamente relajado durante un ataque. Sentía muy intensamente la presencia de Amma y permanecí tranquilo y satisfecho. Fui capaz de aceptar la situación por completo.

Flotaba sobre mi cuerpo, lleno de felicidad, cuando sentí un fuerte tirón hacia abajo. Me resistí un momento, pero después me rendí, acepté el tirón y volví a entrar en el cuerpo. Un instante después había recuperado el conocimiento y estaba doblado de dolor.

En los sátsang, Amma cuenta una historia que siempre me llega a lo más profundo del alma. Habla de la época en que los osos y los monos estaban construyendo un puente hacia Lanka con Rama. Los osos cargaban pesadas rocas y podían llevar muchas. La pequeña ardilla estaba muy triste. Ella también quería ayudar, pero no podía cargar más que una piedrecita.

Tuvo una idea: se metió en el agua, rodó sobre la arena, corrió hacia la construcción y sacudió la arena entre las rocas. De esa manera, poco a poco fue depositando un puñado de arena tras otro en el puente. Al final, la arena es lo que hace de cemento y mantiene juntas todas esas grandes rocas.

Las pequeñas cosas que hizo la ardilla fueron tan importantes como las grandes cosas que hacían los osos. El puente no se habría podido construir sin su contribución.

La siguiente vez que Amma vino a visitarnos, me llamó a su lado:

—Hay mucha gente nueva aquí. Enséñales dónde están la comida y el agua.

La orden de Amma era una respuesta a mis oraciones. Yo no podía hacer el trabajo duro que me habría gustado, pero Amma me daba la posibilidad de servir a sus hijos de una manera significativa. No podía ayudar con la dura seva del compost o aguantar largas horas fregando las ollas, pero las personas a las que ayudé siempre se mostraron muy agradecidas.

Era algo pequeño, pero hacía lo que podía. Sonreía y ofrecía mi ayuda. Después, mucha gente venía a agradecerme que les hubiera enseñado el lugar el primer día. Me dijeron lo importante que había sido para ellos y lo bienvenidos que se habían sentido teniendo a alguien que se ocupara de ellos.

Era asombroso. Me di cuenta de que *todo*, por muy pequeño que sea, *es* importante. No tenemos por qué hacer ninguna gran tarea. Hasta el más pequeño gesto puede significar mucho. Solamente saludar a alguien, escucharle, decirle una palabra amable o sonreírle puede cambiarlo todo.

Mi concepto de espiritualidad se ha transformado.

La disciplina ahora consiste en cuidar de mi cuerpo físico para poder servir. Antes veía la espiritualidad como ayuno y *tapas* (prácticas ascéticas), pero ahora me esfuerzo por ver la espiritualidad en todo momento.

No espero que Amma me cure. En lugar de eso, Amma me da algo mucho mejor: me da una razón para vivir. Me da fuerza para aceptar mi situación y vivir plenamente. Me ha enseñado que siempre es posible encontrar una manera de dar, y este dar es lo que proporciona la verdadera alegría.

Siento la gracia de Amma todos los días. Está en la paz de una meditación profunda, en la sonrisa de un amigo querido y en la alegría de ayudar a alguien cuando lo necesita.

Muchas veces, lo que experimentamos como situaciones complicadas o tiempos difíciles son en realidad bendiciones disfrazadas, grandes maestros enviados para ayudarnos a crecer en el camino espiritual. Amma dice que, independientemente de las circunstancias de nuestra vida, *la felicidad es una decisión*. Es la decisión de que «*pase lo que pase, voy a ser feliz*».

Mi mayor esperanza es convertir todas las dificultades y retos que se crucen en mi camino en peldaños de gracia que me va a ayudar a crecer y finalmente a alcanzar la meta más elevada de mi vida.

Sigo ingresando y saliendo del hospital en ocasiones, pero, cada vez que vuelvo a la presencia de Amma, mi sufrimiento desaparece y mi corazón encuentra la paz.

Tenemos que confiar en que cualquier cosa que nos sucede viene de Dios. Siempre es para beneficiarnos y hacernos crecer. No dudes en rezar pidiendo cualquier cosa que quieras, pero acuérdate de esta verdad. Todo lo que nos sucede *siempre* es lo mejor. A menudo pedimos cosas que no son lo mejor para nosotros. En lugar de hacer eso, es mejor entregarse a la voluntad divina.

Hace poco, le preguntaron a Amma si era beneficioso o no rezar para pedir todas las cosas pequeñas que queremos, o si esas pequeñas oraciones reducen la gracias que tenemos en reserva para cuando pedimos cosas importantes.

Amma respondió:

—La gracia no funciona así. Es *ilimitada*.

Siguió diciendo que era bueno ofrecerle todos los deseos a Dios, hasta los pequeños, pero que también había que tener cuidado. Hay que recordar que todo lo que sucede es parte del plan divino, y que el plan de Dios es mejor que el nuestro.

Una vez un hombre me dijo que, mientras iba en coche a casa por la noche, empezó a entrarle sueño. En ese mismo instante, la policía le paró por pasarse un poco del límite de velocidad. En esa situación muchas personas se habrían enfadado, pero él me dijo que nunca le había hecho tan feliz ver a un policía. Eso lo despertó por completo y probablemente lo salvó de sufrir un accidente.

Cuando suceden cosas buenas, tenemos la ocasión de estar agradecidos y ofrecer a Dios nuestro agradecimiento y, cuando ocurren cosas malas, está bien intentar hacer lo mismo. Podemos pedirle a Dios cualquier cosa que queramos, pero también hay que esforzarse por aceptar la situación actual.

Si somos capaces de aceptar con dignidad todas las experiencias sabiendo que hay una lección importante escondida en ellas, siempre afrontaremos los problemas de la vida con alegría y gratitud. Las situaciones difíciles solo nos llegan para volvernos más fuertes. Como dice el refrán: «Lo que no te mata, te hace más fuerte».

Capítulo 15

Entregarse a la paz

*La vida siempre nos da
justo el maestro que necesitamos
en cada momento.
Eso incluye todos los mosquitos,
todas las desgracias,
todos los semáforos en rojo,
todos los atascos,
todos los supervisores (o empleados)
desagradables,
todas las enfermedades, todas las pérdidas,
todos los momentos de alegría o depresión,
todas las adicciones,
toda la basura,
todas las respiraciones.
Todos los momentos son el guru.*

— Joko Beck

A veces nos deprimimos pensando en todas las experiencias negativas y las dificultades que hemos experimentado en el pasado o las que podemos padecer en el futuro. A menudo, nos quejamos de que todo lo malo que nos sucede es culpa de los demás. En esos momentos es útil recordar que, si vemos las experiencias difíciles desde un punto de vista optimista, podremos acabar dándonos cuenta de que son una bendición encubierta.

Tenemos que buscar lo bueno que hay oculto en todas las situaciones. El pensamiento positivo puede realmente cambiar nuestro destino. Quizás ver el lado brillante de la vida no sea tan difícil como pensamos.

Quizá, como sugieren las siguientes estrofas, solo sea un juego de niños:

Cuando veo una extensión de dientes de león, solo veo un montón de malas hierbas que van a invadir mi jardín. Mis hijos ven flores para mamá y una bola de algodón a la que puedes pedir un deseo y soplar.

Cuando miro a un viejo borracho y me sonríe, veo a una persona sucia y maloliente que probablemente quiera dinero, y aparto la mirada. Mis hijos ven a alguien que les sonríe y le devuelven la sonrisa.

Cuando oigo música que me encanta, sé que no puedo seguir la melodía y no tengo mucho ritmo, así que me siento tímidamente a escuchar. Mis hijos captan el ritmo y se mueven con él. Cantan la letra de la canción. Si no se acuerdan de ella, se inventan una.

Cuando siento el viento en la cara, lucho contra él. Noto que me está despeinando y empujando hacia atrás mientras camino. Mis hijos cierran los ojos, abren los brazos y vuelan con él hasta que se caen al suelo riendo.

Cuando rezo, le pido a un Dios distante que me conceda esto o aquello. Mis hijos dicen: «Hola, Dios. Gracias por mis juguetes y mis amigos. Por favor, no dejes que tenga pesadillas esta noche. Lo siento, pero todavía no quiero ir al cielo. Echaría de menos a mamá y a papá».

Cuando veo un charco de barro, lo rodeo. Veo zapatos embarrados y alfombras sucias. Mis hijos se sientan en él. Ven las presas que pueden construir, los ríos que tienen que cruzar y los gusanos con los que pueden jugar.

Me pregunto si los niños están con nosotros para que les enseñemos o para aprender de ellos. No es raro que a Dios le encanten los niños. Disfrutad de las pequeñas cosas de la vida, porque quizá un día miréis hacia atrás y os deis cuenta de que esas eran las cosas grandes.

– Autor desconocido

Si no es agradable el lugar donde estamos, depende de nosotros esforzarnos en volver a decorarlo o seguir como estamos, pero la verdad es que casi siempre el mundo exterior rechaza nuestros esfuerzos por cambiarlo. ¿Qué podemos hacer? Nuestra única opción es tratar de adaptar nuestra forma de pensar.

Si luchamos contra nuestras circunstancias, damos todo por supuesto o nos apresuramos a

echar la culpa y a juzgar, la vida se vuelve sumamente incómoda. Todo nos sucede *justo* como
lo necesitamos. Puede ser una verdad difícil de
digerir, pero realmente es la mejor manera de
entender la vida.

El mundo entero y todo lo que hay en la creación se desenvuelve como debe, de modo que,
¿por qué desear que las cosas sean diferentes?
Todo lo que nos pasa, incluidas las experiencias
más dolorosas, solo nos sucede para enseñarnos las importantes lecciones que tenemos que
aprender.

Anthony J. D'Mello cuenta una bella historia
que ilustra esta idea:

> Había una vez un rabino al que la gen-
> te veneraba como un hombre de Dios.
> No pasaba ni un solo día sin que una
> muchedumbre esperara delante de su
> puerta para pedirle consejo al santo, que
> les curara o su bendición.
>
> Sin embargo, entre el público había
> un individuo muy desagradable que
> nunca perdía la ocasión de contradecir al
> maestro. Se fijaba en los puntos débiles
> del rabino y se burlaba de sus defectos,

con gran consternación de sus discípulos, que empezaron a verlo como el mismo demonio.

Un día, el «demonio» enfermó y se murió. Todos suspiraron aliviados. Por fuera mostraban la solemnidad adecuada, pero por dentro se alegraban. Pero a la mayor parte de la gente le sorprendió mucho ver al maestro realmente triste en el funeral.

Más tarde, cuando un discípulo le preguntó si sentía pesadumbre por el destino eterno del difunto, dijo:

—No, no. ¿Por qué voy a entristecerme por nuestro amigo que ahora está en el cielo? Lloraba por mí. Ese hombre era el único amigo que tenía. Aquí estoy rodeado de gente que me venera. Él era el único que me desafiaba. Me temo que, ahora que se ha ido, vaya a dejar de crecer.

Al decir esas palabras el maestro rompió a llorar.

Puede haber dos personas que estén experimentando la misma clase de dolor, pero si una de ellos lo observa con discernimiento y aceptación, encontrará pronto la paz. Si la otra persona se queja todo el tiempo, sufrirá sin fin. Nuestra actitud y la forma en que enfocamos las situaciones es lo que nos da la fuerza necesaria para aceptarlas.

Amma es un catalizador divino para que nuestro karma dé fruto o disminuya. Les sucede automáticamente, tanto en su presencia como lejos de Ella, a quienes pueden centrar en Ella su atención. Rezarle a Amma ha producido muchos milagros por todo el mundo.

Cuando hablo con otros devotos, oigo historia tras historia sobre la increíble gracia que se ha manifestado en su vida y en la vida de personas que conocen; pero eso no significa que todos nuestros problemas y dolencias exteriores vayan a desaparecer automáticamente.

Amma no eliminará todos nuestros obstáculos. En lugar de eso, cuando todo nos resulta demasiado para nosotros, Ella a menudo reduce nuestro dolor y nuestro sufrimiento y nos da fuerza para afrontar todo lo que nos sucede. Esa es la belleza y la sabiduría de su amor divino y maternal por nosotros.

Un devoto me envió una carta. Se sentía mal por la muerte de su madre y necesitaba compartir sus sentimientos:

… Solo una breve nota antes de que salgas de viaje. Pienso en ti y rezo por ti mientras empiezas a viajar otra vez. Llevo sin trabajar dos meses, por lo que desgraciadamente ahora mismo no tengo recursos para viajar y ver a la Madre. Espero que para cuando estéis en la Costa Este pueda ir en coche a Washington D.C. y asistir a los programas de allí. Como siempre, está en manos de Dios.

He echado mucho de menos a la Madre estos últimos días. Me ha acompañado la tristeza por el sufrimiento de mi madre y el sufrimiento de tantos seres humanos. No soy una gran entusiasta de la tristeza, pero estoy intentando rezar y ser productivo con ella (aunque fracaso miserablemente la mayor parte del tiempo).

Los caminos de Dios están mucho más allá de los míos. Algunos días puedo poner un pie delante del otro y trabajar con todo mi corazón, pero otros días me invade la tristeza.

Mi madre sufrió mucho en sus últimos días. Era completamente incapaz de dejarse ir. Pasó un día gruñendo como un animal herido, pataleando y gritando en la cama. Intentamos consolarla, pero nada funcionaba. Al cabo de unas horas renunciamos a intentar calmarla. Mi hermano me ayudó a poner almohadas alrededor de su cama de hospital para que no se golpeara al moverse.

Le dije:

—Vale mamá, lo entiendo. Estás frustrada y enfadada. Esto está siendo muy duro para ti y lo entiendo, así que sigue luchando todo el tiempo que lo necesites. Intentaremos mantenerte a salvo.

Ella siguió gruñendo y dando golpes un rato más, pero al final se quedó exhausta.. Fue una representación dramática de lo que yo hago cuando no me entrego a la voluntad de Dios.

Dentro de mi alma, a veces lucho contra la misma fuente del amor, exigiéndole que sea como yo quiero; pero ahora me doy cuenta de que decirle «no» a Dios siempre va a traer sufrimiento. Estoy intentando aprender de la experiencia de mi madre.

La entrega, la verdadera entrega es mucho más difícil de lo que parece.

A menudo me dejo llevar por el miedo, incluso contra mi voluntad. Así que hoy lo intento otra vez. Una y otra vez rezo para ser capaz de entregarme a Ella, a su amor, su guía y su voluntad.

A menudo hago muchos aspavientos al negarme a aceptar la voluntad divina. Rezo para que se me abran los ojos del alma, para ser capaz de recorrer este camino con fe y gratitud en lugar de con miedo.

A menudo soy egoísta, infantil y perezoso y, sin embargo, Amma tiene mucha paciencia conmigo y cada vez que me caigo me levanta. Rezo para poder aprender a entregarme de tal forma que al final pueda morir con menos sufrimiento que mi madre.

La vida nunca es fácil, especialmente cuando pasamos por tiempos difíciles, pero nunca hay que perder la esperanza. La desesperación solo nos hará sufrir dolorosamente. Si pedimos con sinceridad la fuerza necesaria, la encontraremos y seremos capaces de hacer frente a todo lo que nos suceda. Con la ayuda de la gracia, podemos soportarlo todo. Nunca se nos da nada que no seamos capaces de afrontar. Dios sabe lo que es mejor para nosotros, aunque a veces pueda parecer difícil de creer.

Uno de los hombres que acudieron al darshan de Amma, le preguntó:

—¿Por qué nos ha dado Dios este nacimiento humano?

La respuesta de Amma fue:

—Hijo, no te preocupes por eso ahora. Eso ya ha ocurrido, ya has nacido. Limítate a intentar encontrar la manera de aprovechar este nacimiento para ayudar a la gente.

La entrega y la aceptación en malos tiempos es sumamente difícil, pero cuando uno llega a amar a Amma, todo se vuelve un poco más dulce y mucho más fácil.

Capítulo dieciséis

El dolor del mundo

El amor y la compasión son necesidades,
no lujos.
Sin ellos, la humanidad no puede sobrevivir.

– El Dalai Lama

Cuando afrontamos un karma doloroso que no podemos ni cambiar ni reducir, tenemos que recurrir a la fe y la oración. La gracia de Dios puede fluir hacia nosotros en forma de fuerza, entrega y aceptación.

A menudo se nos recuerda que nuestra naturaleza intrínseca es todopoderosa, porque la Divinidad está latente dentro de todos nosotros. Hemos sido creados a imagen de Dios. Si nos esforzamos por volvernos hacia adentro y conectar con todo nuestro potencial, nos damos cuenta de que podemos soportar cualquier karma que se nos presente. Cuando surgen retos, necesitamos reflexionar acerca de como aprovechar este depósito de fortaleza interna.

A veces parece imposible encontrar lo bueno de las situaciones. Desgraciadamente, esa es la forma en la que el karma se revela de vez en cuando. Si Amma no nos quita el dolor en esos momentos, Ella nos ayudará a encontrar la fuerza necesaria para soportar lo que tengamos que soportar, si La dejamos.

La siguiente historia de una niña del orfanato de Amma nos muestra la capacidad del alma humana para soportar cualquier dolor:

Me llamo Lakshmi. Shri Mata Amritanándamayi Devi es mi madre. «Madre» quiere decir la persona que me ha hecho ser lo que soy ahora.

No sé nada de mi nacimiento, de dónde nací ni de mi casa. Ni siquiera sé el nombre de mi padre. Mi madre biológica se llamaba Lina. Esta es la historia que me contó:

Mis padres estaban enamorados. Después de casarse, mi padre empezó a mostrar su verdadera cara. Empezó a beber y pronto empezó a llegar bebido a casa todos los días y maltratar a mi madre. Cuando tenía unos tres años y medio, me llevaron a una guardería. Un día mi padre fue allí bebido y pegó a mi maestra. Desde entonces dejé de ir a la escuela.

Tenía tres hermanos: dos varones y una hermana más pequeña. Los chicos se fueron de casa pronto por la pobreza y el maltrato. Mi madre, mi hermana y yo solo podíamos sobrevivr gracias a las limosnas. Cuando no podíamos salir a pedir o cuando no nos daban limosna, pasábamos hambre. Nos vestíamos con andrajos.

Teníamos una pequeña cabaña para dormir. Un día que mi padre llegó bebido, incendió la casa. Después, empezamos a dormir en los porches de las tiendas. Mi madre, incapaz de aguantar la carga de esa pobreza extrema, llevó a mi hermana al mar y la ahogó. Cuando vino a por mí, salí corriendo.

Empezamos a pedir en los trenes. En algún lugar de Tamil Nadu, cuando se acercaba un tren, mi madre me agarró e intentó poner nuestras cabezas sobre la vía. Impulsada por un miedo intenso, conseguí zafarme, pero ella murió allí.

Después, un hombre me tomó de la mano y me llevó a su casa. Yo no tenía ni cinco años. Necesitaba una sirviente, pero pronto se dio cuenta de que mi desnutrido cuerpo era demasiado frágil para servirle. Entonces empezó a pegarme. Decidió volver a dejarme en el mismo lugar en que me había encontrado.

Un vecino se enteró y me llevó al orfanato de Amma en Parippalli. Así se inició mi relación con Amma.

Cando se acercaban las vacaciones de Ónam, vi que todos se preparaban para irse a casa (muchos niños tenían casa, pero los padres no podían cuidarlos y por eso vivían en Parippalli).

Me entristecí: no tenía casa, ni madre, ni a nadie. Entonces un suami me dijo que me llevaría a ver a una madre que estaba llena de amor. Las palabras del suami eran ciertas. Cuando tuve mi primer darshan, sentí un enorme amor por Amma.

Cuando Amma supo que yo no sabía ni leer ni escribir, Ella misma se puso a enseñarme. Empezó con el alfabeto. Durante los darshan, hacía que me sentara a su lado y escribiera las letras del malayálam en una pizarra. De ese modo, aprendí a leer y a escribir en su presencia. Desde entonces Amma siempre se ha asegurado de que tuviera todo lo que necesitaba.

Cuando llegó la gira del Sur de la India de Amma, Le pregunte si podía ir con Ella. Dijo que solo me llevaría si escribía lo que me había enseñado y se lo mostraba. Estudié mucho y cumplí las condiciones de Amma. Por eso, viajé por primera vez con Amma a Madurái. Sin tener en cuenta lo ocupada que estaba, Amma me solía llamar a su habitación.

Cuando tenía unos veinte años, Amma me preguntó si quería una vida de áshram o de casada. Le respondí que quería casarme. Pronto, Amma me encontró un marido. Ella celebró mi boda, y me regaló los adornos de oro y el sari nupcial que son necesarios.

Ahora tenemos dos hijos varones. Gracias a la bondad de Amma llevamos una vida muy feliz. Cuando voy al áshram, Amma nos recibe con alegría y nos da la bienvenida como cualquier madre daría la bienvenida al hogar a una hija casada.

Simplemente, no puedo imaginar la vida sin Amma.

Muchas veces podemos pensar que tenemos muchos problemas personales, pero nos volvemos más humildes cuando comprendemos que hay innumerables personas en el mundo que sufren de una manera tremenda, y no solo sintiéndose un poco incómodos como a veces nos pasa a nosotros.

Con todo el sufrimiento que hay en el mundo actual, no nos damos cuenta de que somos verdaderamente afortunados. Si todos pusiéramos nuestros problemas en un montón y pudiéramos ver los de todos los demás, rápidamente querríamos retirar los nuestros. Realmente, somos mucho más afortunados que la mayoría de la gente. Aquí tenéis algunos recordatorios para bajarnos a la realidad:

El ochenta por ciento de la población mundial vive con menos de diez dólares al día.

Mil trescientos millones de personas viven con menos de 1,25 dólares al día; el treinta por ciento de esas personas terriblemente pobres viven en la India.

Ochocientos cinco millones de personas de todo el mundo no tienen suficiente comida.

Más de setecientos cincuenta millones de personas carecen de acceso adecuado a agua potable limpia.

Mil millones de niños viven en la pobreza y por eso cada día mueren veintidós mil niños.

Vivimos en un mundo tremendamente desigual, en el que las sesenta y dos personas más ricas del mundo poseen tanta riqueza como *la mitad de la población mundial junta* (!).

Si tienes buena salud, una nevera llena de comida, ropa, un techo y un lugar donde dormir, eres más rico que una enorme proporción de la población mundial.

Si nunca has experimentado el horror de la guerra, la soledad de la cárcel, el dolor de la tortura o la amenaza de morir de hambre, eres más afortunado que millones de seres humanos.

Miles de personas vienen todos los días a recibir el abrazo de Amma intentando escapar del dolor de su difícil vida y encontrar una solución para sus problemas.

Amma nos contó una historia representativa de la clase de penas que oye durante el darshan. Se trataba de una familia de cuatro miembros: la madre, el padre y dos hijos. Ambos progenitores trabajaban. Un día la madre hizo algo para comer y se fue a trabajar. Almorzó lo que había cocinado, pero una de las verduras que había usado se había vuelto venenosa.

Después de comerla, murió por envenenamiento. Cuando el marido se enteró, inmediatamente pensó en los niños, que se habían llevado la misma comida al colegio. No tenía teléfono, así que saltó a la moto y fue volando al colegio para intentar que los niños no se comieran el almuerzo.

Desgraciadamente, de camino tuvo un accidente y él también murió. No pudo impedir que los niños almorzaran y corrieran la misma suerte que su madre.

Esta es solo *una* de las muchas historias terriblemente tristes que Amma oye mientras se sienta durante horas todos los días escuchando a una persona tras otra contarle sus tragedias y sus éxitos.

Amma sabe que la compasión es la mejor solución para los problemas del mundo. Claro que eso no significa que nos tengamos que echar a llorar de compasión por los demás, sino que hay que buscar soluciones positivas y prácticas para contribuir a solucionar sus problemas. La compasión en acción es la verdadera solución que necesitamos para afrentar las difíciles situaciones que se le presentan al mundo actual.

Esta es la razón por lo que Amma come lo mínimo todos los días. Ella toma lo menos posible para sí misma y se esfuerza por *dar* lo máximo a la sociedad, ya que siente el dolor de todos los que sufren.

Una de las residentes del áshram me contó que, en una época en la que Amma realizaba dárshanes larguísimos justo antes de salir para una gira de Europa, Ella estaba tan agotada que dijo:

—No puedo seguir. Me voy a derrumbar... Me voy a derrumbar. Prepararos para agarrarme.

Esa mujer, que estaba haciendo seva al lado de Amma, ayudando a levantarse a los devotos después de haber recibido el darshan, no entendió si tenía que agarrar a las personas que salían de los brazos de Amma o a la propia Amma. Se estaba sintiendo fatal por Amma. Y entonces, como pasa tan a menudo, Amma dijo:

—Llama a cincuenta personas más para el darshan.

Amma siempre va más allá del límite de agotamiento, más allá del punto en el que tú o yo decidiríamos que no podemos más. Ella cruza esta línea constantemente y sigue actuando, pero con amor, no de mala gana como haríamos nosotros si intentásemos hacer lo mismo. Ella sabe que con una actitud de amor puro se puede hacer absolutamente cualquier cosa.

Cuando llegamos a Suiza en esta última gira, Amma estaba completamente agotada. Tenía tanto dolor que apenas podía moverse. Cuando llegó a su habitación, se derrumbó sobre la cama (que estaba hecha en el suelo).

Un par de horas más tarde, mientras estábamos montando las tiendas para el programa del día siguiente, ¿quién vino al comedor para servir comida a todo el mundo? Amma…

No importa como ella se pueda sentir, simplemente no se le puede impedir intentar hacer felices a todos. En ningún otro lugar en el mundo encontraremos la misma clase de amor divino compasivo y de sacrificio que vemos en Amma. La profundidad de su compasión es absolutamente inimaginable.

Capítulo diecisiete

Abrazar la vida

Entrégate a la gracia.
El mar cuida de cada ola
hasta que llega a la orilla.
Recibes más ayuda de lo que nunca sabrás.

– Rumi

Es realmente increíble lo que podemos conseguir cuando hacemos todo nuestro esfuerzo y recurrimos al enorme potencial que albergamos en nuestro interior. Siempre es inspirador ver u oír a personas que han ido más allá de los límites que tendemos a imponernos.

Lo siguiente es una historia verdadera sobre un joven que desafió todos los pronósticos armado tan solo con el poder de la bondad:

En Inglaterra había un joven estudiante cuyo padre murió de un tumor cerebral. Por eso, se sentía triste y solo.

Tenía fotos de su padre en su casilla de la escuela, pero unos chicos las rompieron y le intimidaron. Durante mucho tiempo se mantuvo alejado de todos.

Hasta que un día decidió esforzarse por ir más allá de su dolor. Decidió hacer algo sencillísimo, solo por bondad.

Empezó a abrir la puerta de la escuela y decir «buenos días» a todos los que pasaban por ella. Era un gesto muy corriente, pero empezó a ejercer un efecto profundo sobre la gente de la escuela. No estaban acostumbrados a que nadie fuera tan amable con ellos.

Se convirtió en un gran modelo para los demás. Poco a poco fue influyendo en muchos de sus compañeros para que fueran fuertes, valientes y se atrevieran a ir más allá de sus problemas personales para ayudar a los demás. Siguió haciéndolo hasta convertirse en un inspirador conferenciante y un líder. Todo eso brotó de la pequeña semilla de un pensamiento altruista y de la valentía que necesitó para realizar una acción sencilla y bondadosa.

Si estamos tratando de transformarnos y esforzándonos realmente por mejorar, con el paso del tiempo el sufrimiento disminuirá automáticamente. Cuando dejamos de estar centrados en nuestras propias necesidades y empezamos a enfocarnos en ayudar a los demás, el mundo se vuelve un poco más brillante y, al fin y al cabo, no tan malo.

No son las cosas grandes las que nos engrandecen, sino las cosas pequeñas que hacemos con una buena actitud. El mejor ejemplo de esto es el abrazo de Amma. Está transformando al mundo de abrazo en abrazo. Por muy difíciles que sean las cosas, si tenemos fe y realizamos acciones bondadosas, podemos superar cualquier reto que se nos plantee.

A pesar de todos los problemas que tenemos, estar en la santa presencia de Amma nos convierte en unas de las personas más bendecidas de este planeta. Tenemos la oportunidad de ser testigos de primera mano de la alegría y el amor que Amma entrega al mundo.

La compasión de Amma y la fe sincera de los devotos hacen que su contacto transforme la vida de las personas.

Una devota cuenta una bella historia sobre el modo en que Amma la transformó:

Amma me salvó la vida. Literalmente. Estoy segura de que habría acabado con esta preciosa vida si no hubiera sido por Amma y la manera en que me guió para encontrar exactamente lo que necesitaba en uno de los periodos más difíciles de mi viaje por la vida.

Había estado luchando contra la depresión y una grave ansiedad desde que tenía unos siete años y mi padre había muerto en un accidente de coche. Desde entonces pasaba la mayor parte del tiempo buscando formas de curar a esa niña pequeña que parecía haberse quedado congelada en el tiempo.

Cuando llegué a los cuarenta años de edad mi vida estaba completamente hecha pedazos. Mi trabajo como psicoterapeuta se desmoronó llevándose con él mi salud mental. Perdí mi hogar y vivía en mi coche.

Pasaba los días recitando el mantra, mirando fotos de mis santos y avataras favoritos y llorándole a la Madre. Ocupaba las primeras horas de la mañana y de la noche con estrategias cuidadosamente elaboradas para esconderme de los guardabosques, los cazadores y los animales grandes, ya que hacía mi cama en parques estatales y bosques apartados.

Cuando Amma vino a la ciudad donde yo vivía, pensé que, después de once años bajo su cuidado como mi guru, este podía ser mi último darshan. Todavía no tenía ningún plan, pero ya no quería seguir en este cuerpo. Estaba muy cansada.

Mientras estaba sentada en la cola del darshan, me sentía muy lejos de mi misma. Cuando llegué a Amma, no La miré. Tenía mucha vergüenza. No le dije nada de cómo me sentía. Había sollozado en sus brazos en el último darshan y no podía soportar a todos diciendo que habían visto mi darshan y preguntándome qué problema tenía.

Cuando me atrajo hacia Ella, no sentí nada. Me sostuvo un largo rato y empezó a susurrarme con gran interés algo en el oído. El susurro se volvió más fuerte y más intenso. Me sorprendió darme cuenta de que estaba diciéndome una frase completa en inglés. Me esforcé por estar más presente y escuchar.

No podía dar crédito a mis oídos. Decía: «Quiero vivir. Quiero Vivir. Quiero VIVIR. ¡QUIERO VIVIR!»

Mientras Amma seguía, pensé: «¡Dios mío, Ella lo sabe!», y después: «¡claro que lo sabe!».

Me miró profundamente a los ojos. En ese momento experimenté lo que Amma quería decirme con esas palabras: «El Yo, el Ser Eterno, quiere vivir en mí, a través de mí, conmigo».

En una fracción de segundo sentí una profunda calma, una conciencia, una presencia viva a la que no había podido tocar el fantasma de la depresión y la ansiedad que se hacían pasar por mí identidad.

Amma señaló el suelo al lado de su asiento, pero, antes de que bajara, me dio una manzana junto con mi prasad.

Me senté al lado de Amma y su susurro se convirtió en un ritmo dentro de mi cabeza: «Quiero vivir. Quiero vivir. Quiero vivir». Empecé a recitar estas palabras como si fueran un nuevo mantra que Ella me hubiera dado. Por primera vez, me podía identificar con mi Verdadero Yo, la Madre Eterna, en mi interior. Amma había sembrado una semilla.

Pasó otro mes, pero la depresión seguía ahí. Como era psicoterapeuta sabía que los medicamentos psiquiátricos eran un último recurso y no quería tomarlos, pero me parecía que no tenía otra alternativa. Aunque todavía no estaba completamente reconciliada con la idea de vivir, Amma me había dado un vislumbre tan dulce de quién era yo realmente que decidí no acabar con mi propia vida.

La mente ya no se mostraba tan convincente como antes, aunque seguía rabiando, intentando todos los trucos para que me identificara con el dolor y con los juicios. Pero me enfrenté con ella y le envié un mensaje a un amigo del áshram de Ámritapuri (India) pidiéndole que Le preguntara a Amma sobre la medicación. Amma envió el siguiente mensaje: «Sí, debes tomar las medicinas».

Probé mis primeros psicofármacos. El único resultado que obtuve fueron los efectos secundarios.

El primero que probé me provocó palpitaciones y sofoco. Lo único que detenía estos efectos secundarios eran litros de agua mezclada con agua del *Atma Puja* (agua sagrada bendecida por Amma).

El siguiente medicamento produjo un efecto maníaco. La casa y el coche quedaron muy, muy, *muy* limpios… pero la medicina no benefició mi estado mental.

Me preguntaba una y otra vez: «¿Por qué me habrá dicho Amma que tome estos medicamentos si no funcionan?» Mi fe era sólida. Sabía que si Amma había dicho que tenía que estar medicada era porque los necesitaba, pero no entendía por qué no funcionaban. Al final me llegó la respuesta: quizás estuviera tomando la medicina equivocada.

Fui a un médico. La tiroides no me funcionaba bien. Tenía déficit de nutrientes y el cuerpo se me estaba cerrando. No era un problema psicológico. Era algo médico. Durante varios años el médico se esforzó por encontrar la dosis correcta de medicamento para la tiroides y yo me centré en los aspectos nutricionales y espirituales de mi curación.

En cuanto empecé a tomar la medicación y a comer bien, cada vez me sentí más identificada con el Yo Eterno interior, el Yo que la Madre me había mostrado en su darshan.

Poco a poco empecé a darme cuenta de que mi relación con la depresión, la ansiedad y todos los aspectos de la vida estaba cambiando. La mente y las emociones psicológicas cada vez me resultaban menos convincentes.

Había vislumbrado mi Verdadero Yo, el que percibe la mente y es el testigo de la mente, el que no se puede conmover, el que es incondicionalmente libre.

Debido a la Gracia de la Madre, todavía estoy en este cuerpo y soy capaz de contar mi historia y, lo más importante, sé quién SOY YO.

La Madre me salvó la vida mostrándome que yo soy la Vida.

Llevamos mucho tiempo pensando que somos el cuerpo, la mente y las emociones. Nos aferramos desesperadamente a cada sensación pasajera que nos atraviesa y la tomamos por nuestra realidad. Si nos identificamos completamente con el cuerpo y sus cambiantes emociones, es imposible que creamos que en esencia somos una parte de la Conciencia Suprema.

Pero cuando se nos guía de vuelta hacia nuestro centro, empezamos a experimentar la paz interior que siempre ha estado ahí.

Amma ha logrado realizar la casi imposible tarea de liberarse de la esclavitud del condicionamiento humano con todos los deseos, miedos y dolores que van asociados con ella. Por eso Amma puede encarnar y expresar la Divinidad y el amor intrínsecos que hay dentro de todos nosotros. Desgraciadamente, todavía no somos capaces de reconocerlo, y por eso mantenemos esta preciosa perla de la Divinidad encerrada en nuestro interior.

Amma nunca nos va a juzgar, nunca va a amar a unos más que a otros o curar a una persona en lugar de a otra. Ella no actúa así. La gracia lleva sus bendiciones a quienes la invocan de la manera correcta, dondequiera que estén.

Nuestra vida se manifiesta dependiendo de las actitudes que ponemos en juego. Somos nosotros los que, para cambiarnos, tenemos que expresar la fuerza que tenemos en nuestro interior. Depende de nosotros por completo. Cuando nos esforzamos, se abren las compuertas de la gracia.

Capítulo dieciocho

Frente a la muerte

*Por favor, no te preocupes tanto porque, al
fin y al cabo, ninguno de nosotros está mucho
tiempo en esta tierra. La vida es pasajera
y, si alguna vez te sientes angustiado, eleva
los ojos hacia el cielo de verano, cuando
las estrellas están enlazadas en la noche
aterciopelada. Y, cuando una estrella fugaz
lance sus rayos por la oscuridad, convirtiendo
la noche en día… pide un deseo y piensa
en mí. Haz que tu vida sea espectacular.*

– Robin Williams en la película «Jack»

Tenemos que ser más fuertes que nunca y elevarnos a la bondad llevando una vida de rectitud,
lo más que podamos. Es el único camino para
encontrar la felicidad en estos tiempos inestables.

Si sembramos semillas de bondad, recibiremos buena voluntad, pero si no lo hacemos, estamos condenados a sufrir.

Estamos viviendo en el Kali Yuga. Lamentablemente, el sistema de valores está en continua y rápida decadencia en todas partes, pero el hecho es que solo se puede hallar la paz y la armonía viviendo con valores positivos.

Leí una historia sobre un superviviente del Holocausto que vio cómo mataban a tiros a toda su familia —su mujer y todos sus hijos— ante sus ojos. En ese momento se dio cuenta de que los nazis podían quitarle todo, todo excepto la paz mental. Sabía que solo perdería la fuerza mental si se dejaba llevar por los sentimientos de odio y miedo. Decidió elegir el amor.

De alguna manera, hizo acopio de fuerza interior para controlar la mente y transformar la corriente de pensamientos negativos en entrega y aceptación. En un acto de verdadero coraje, eligió la paz.

No podemos controlar el mundo que nos rodea. Lo único que podemos intentar controlar es el estado de nuestra mente. Es urgente que nos esforcemos por hacerlo. Si lo intentamos en serio, la gracia de Amma será atraída hacia nosotros como por un imán. Esa gracia nos puede llevar como una ola hacia la paz y la realización definitivas, independientemente de nuestras circunstancias exteriores.

Durante una sesión de preguntas y respuestas con Amma a orillas del mar en Ámritapuri, alguien preguntó:

—Amma, ¿me puedes poner otra meta? Creo que nunca podré conseguir el conocimiento de Dios. No podría llegar a ser como Tú ni en un millón de vidas. ¿No hay alguna otra cosa por la que pueda esforzarme, algo más realista?

Amma respondió que el conocimiento de Dios, el final de todo sufrimiento, es la meta última de la vida y se puede conseguir si nos esforzamos. Tenemos una maestra viva y, si podemos esforzarnos por ganarnos su gracia, el Autoconocimiento se hará realidad en nosotros.

Siguió diciendo que ya *somos* Amma. Solo tenemos que apartar las capas innecesarias que ocultan esa verdad. Amma ya está dentro de nosotros, más cerca que lo más cercano. Ella es la joya que reside en el loto de nuestro corazón.

Nuestra esencia es pura. Nos llenamos de tantos pensamientos negativos que es difícil conseguir un gran cambio.

Amma ha dicho que, tradicionalmente, el guru no aconseja meditación a la mayor parte de sus discípulos hasta que llevan muchos años con él. El guru examina profundamente la capacidad mental de cada discípulo y decide las prácticas espirituales que son adecuadas para su crecimiento.

La verdadera meditación es una corriente ininterrumpida de contemplación de Dios. Si lo piensas sinceramente, cuando estás sentado meditando, ¿cuántos segundos tienes realmente de pensamientos totalmente ininterrumpidos sobre Dios? Apostaría que la mayor parte de nosotros, si tenemos suerte, conseguimos diez segundos por hora, y eso en un buen día.

Antes, la meditación solía ser la última práctica que se daba. De hecho, los discípulos tenían que servir durante varios años antes de empezar a recibir enseñanzas. Tras largos años de servicio, acababan consiguiendo la pureza y la sutileza mentales necesarias para la meditación. Después el guru podría recitar un mantra sagrado de unas pocas sílabas que les llevaría a elevados estados espirituales.

Los tiempos han cambiado. El guru nos puede dar montañas de servicio que hacer, gritarnos al oído epopeyas enteras de mantras e incluso cantar y bailar para nosotros, pero aun así podemos ser tan testarudos como para seguir aferrados a nuestro egoísmo y sin querer cambiar.

Amma nos ofrece una sádhana perfectamente equilibrada bajo la forma de servicio desinteresado, meditación, repetición de mantras y oración en grupo, mientras ejemplifica humildemente por medio de sus acciones muchas cualidades buenas y sutiles. Ella sabe que para la mayor parte de nosotros el servicio desinteresado es la forma más fácil de purificar nuestros arrogantes y tercos egos.

Desde el principio de nuestra vida espiritual, podemos experimentar la alegría de la devoción realizando actos de servicio desinteresado.

Amma nos recuerda a menudo que nuestro tiempo sobre la Tierra es limitado: «Recordad, hijos, este solo es un cuerpo de alquiler. En algún momento se nos pedirá que lo dejemos. Entonces tendremos que irnos. Antes de irnos, mientras residamos en este cuerpo tenemos que obtener lo que es eterno. Si tenemos una casa en propiedad, no nos importa irnos de la que hemos alquilado cuando nos lo piden. Después podemos vivir en la casa eterna de Dios».

Hay una historia tradicional sobre un gran devoto llamado Éknath. Una vez un hombre le dijo:

—Venerado maestro, tu vida es purísima. Estás libre de pecado, no compites con nadie y no te peleas con nadie. ¿Cómo se puede vivir de esa manera tan bella?

Éknath dijo:

—Olvídate de mi vida. Tengo un presentimiento sobre ti. Desde hoy cuenta siete días. En el séptimo día vas a abandonar este mundo.

El hombre se quedó aterrado. Sabía que las palabras de Éknath siempre se hacían realidad. Se fue corriendo a casa. No habló con nadie. No se distrajo con nada. Terminó todos sus compromisos y de alguna forma logró vivir los seis días siguientes.

El séptimo día Éknath fue a verlo. Cuando vio a Éknath, el hombre dio un salto y se postró.

—¿Cómo estás? —le preguntó Éknath.

—Todo ha acabado para mí —respondió el hombre.

—¿Cuántos pecados has cometido en los últimos seis días? —le preguntó Éknath— ¿Se te ha pasado por la cabeza algún pensamiento pecaminoso?

—Suámiji, no he tenido tiempo para pensar en pecados. He estado todo el tiempo recordando la muerte que me espera —respondió.

Sonriendo, Éknath dijo:

—Quizás ahora tengas la respuesta a tu pregunta de por qué soy capaz de llevar una vida sencilla.

No sabemos cuánto tiempo viviremos. Se nos da la vida como una oportunidad preciosa y los días pasan muy rápido. Francamente, lo único que podemos hacer es vivir cada día como si fuera el último y tratar de ser los seres humanos más amables y más altruistas que podamos, mientras tengamos esa oportunidad.

Un voluntario me contó alguna de las experiencias que le han enseñado humildad:

He llevado a innumerables enfermos terminales a ver a Amma en silla de ruedas,

etc., y siempre me ha sorprendido cómo les llega la gracia y el amor de la Madre.

Siempre estoy asombrado y abrumado por aquellos que están realmente enfermos y vienen al darshan de Amma a pesar de todas sus dificultades físicas y mentales.

He sido bendecido con la tarea de llevar a unos pocos devotos a lo que sería su último darshan.

En Iowa había una mujer que tenía cáncer terminal. Estaba en una silla de ruedas y su pareja estaba a su lado. Después de llevarla al darshan, me dijo que sabía que Amma había escuchado su oración: que su compañero no se quedara solo cuando muriera. Se me saltaron las lágrimas por su amor y su generosidad con su compañero. Yo sé que no soy capaz de amar así.

Otra mujer vino este año del hospital de enfermos terminales. Insistió en que le dejaran estar con Amma todo el tiempo posible. Sus amigos hablaron conmigo y preparamos un lugar donde su silla se podía conectar a la electricidad, ya que había en ella un aparato que necesitaba para respirar. La mujer quería estar despierta y cerca de Amma todo el tiempo posible.

Cuando la llevé a su primer darshan, Amma le preguntó muy seria qué le había dicho el médico. Ella respondió con una sonrisa bella y amorosa, en un tono feliz:

—Dicen que voy a morir, Amma, dicen que voy a morir. Después añadió:

—Te quiero mucho, Amma, te quiero muchísimo.

En momentos como ese, me voy detrás del escenario porque la emoción me supera. Necesito un minuto para respirar y llorar.

Una vez llevé ante Amma a un niño de cinco años con cáncer. Justo cuando nos estábamos acercando el niño se cayó, inconsciente. Su madre se asustó y dijo:

—¿Qué hacemos ahora? ¿Qué hacemos ahora?

—No te preocupes —le dije.

Levanté al niño y le dije a la madre que fuera a su propio darshan. Fue y, mientras Amma la abrazaba, las lágrimas de la mujer caían y se hundían en el sari de Amma. Llevé al niño ante Amma y Ella lo sostuvo y le dio el que iba a ser su último darshan en este mundo.

Podría seguir así contando historia tras historia. No sé por qué se me ha concedido esta gracia. Se me saltan las lágrimas cuando pienso en el gran privilegio que Amma me concede de ayudar a sus hijos a acercarse a Ella en los últimos momentos de esta vida. No entiendo nada.

Amma nunca se impone a nadie. Meramente Se ofrece del mismo modo en que un río puro ofrece su agua a quienes se están muriendo de sed. La gracia de Dios, bajo la forma del guru, viene para refrescarnos en el caluroso desierto con su suave brisa. Esta gracia es más poderosa que cualquier destino que nos tenga que suceder.

Amma, con su brillante luz, nos muestra el camino para seguir adelante en tiempos difíciles.

El mundo exterior va a estar siempre lleno de problemas, pero podemos superarlos con un esfuerzo sincero y la actitud correcta. En nuestro camino no hay nada más grande que el poder de la brillante luz del amor.

Realmente, no hay nada que temer. En los tiempos más oscuros, el recuerdo del amor de Amma será el talismán que nos protegerá siempre.

Así que levántate. Sirve a Amma en otras personas. Sal de la negatividad que intenta devorarte. Libérate de la oscuridad y haz cosas bellas. Trabaja del modo que puedas para ganarte la Gracia Divina.

Francamente, es muy fácil ganarse la gracia de Amma. Basta con que tengas una actitud inocente y trates de hacerlo con sinceridad lo mejor posible, de la forma que puedas. Entonces la Gracia Divina te abrazará y te llevará hacia la meta.

CPSIA information can be obtained
at www.ICGtesting.com
Printed in the USA
BVHW071342301219
568126BV00022B/1232/P

9 781680 377668